基金项目：

1. 江苏省"十四五"规划课题"适应性视域下高职院校专业群建设行动路径研究"（B/2022/02/77）。

2. 江苏省教改项目"高水平专业群'三教改革'实施路径研究"（2021JSJG500）。

3. 江苏省哲学社会科学项目"三教改革背景下高水平专业群人才培养模式研究"（2021SJA1438）。

4. 专著得到江苏省高校"青蓝工程"项目资助。

高职院校专业群建设实施路径研究

张运嵩　刘　正　蒋建峰　著

苏州大学出版社

图书在版编目(CIP)数据

高职院校专业群建设实施路径研究／张运嵩，刘正，蒋建峰著． -- 苏州：苏州大学出版社，2023.9
 ISBN 978-7-5672-4558-7

Ⅰ.①高… Ⅱ.①张… ②刘… ③蒋… Ⅲ.①高等职业教育-专业设置-学科建设-研究-中国 Ⅳ.①G718.5

中国国家版本馆CIP数据核字(2023)第176220号

书　名	：	高职院校专业群建设实施路径研究
著　者	：	张运嵩　刘　正　蒋建峰
责任编辑	：	征　慧
出版发行	：	苏州大学出版社（Soochow University Press）
社　址	：	苏州市十梓街1号　邮编：215006
印　装	：	江苏凤凰数码印务有限公司
网　址	：	www.sudapress.com
邮　箱	：	sdcbs@suda.edu.cn
邮购热线	：	0512-67480030
销售热线	：	0512-67481020
开　本	：	787 mm×1 092 mm　1/16　印张：11.5　字数：207千
版　次	：	2023年9月第1版
印　次	：	2023年9月第1次印刷
书　号	：	ISBN 978-7-5672-4558-7
定　价	：	58.00元

凡购本社图书发现印装错误，请与本社联系调换。服务热线：0512-67481020

前　言

职业教育是国民教育体系的重要组成部分，肩负着培养多样化人才、传承技术技能、促进就业创业的重要职责。2019 年 1 月，国务院颁发了《国家职业教育改革实施方案》，明确指出职业教育与普通教育是两种不同教育类型，具有同等重要地位。随着高等教育大众化进程的不断推进，我国高职院校数量不断增加，招生人数直线上升。同时，随着我国进入新的发展阶段，产业结构调整和经济转型不断加快，各行各业对技术技能人才的需求越来越紧迫，职业教育的地位和作用愈发重要。如何提高高职院校的人才培养质量，为社会发展和产业结构调整提供更多高质量的复合型技术技能人才，是摆在高职教育管理者面前的重大课题。专业群建设正是在这样的大背景下进入越来越多的高职院校。

2019 年 4 月，教育部、财政部印发了《关于实施中国特色高水平高职学校和专业建设计划的意见》，提出在职业教育领域实施中国特色高水平高职学校和专业建设计划（简称"双高计划"），在我国正式开启了高水平高职院校和专业群建设，意味着我国高职院校专业群建设进入"高水平发展"的新阶段。专业群建设是"双高计划"的核心内容。随着"双高计划"的逐步推进，专业群建设成为新时代高职院校改革发展的切入点和突破口。高职院校普遍将专业群建设作为提高人才培养质量、提升内涵建设、增强职业教育适应性的重要抓手。

一般来说，高职院校基于产业链、学科基础或职业岗位群，将若干专业基础相通、技术领域相近、职业岗位相关、教学资源共享的相关专业组成专业群。但专业群建设是一项繁杂的系统性工程，涉及高职教育的多方实体和多个要素，并不是将相关专业的专业课程简单组合。高职院校专业群建设的主要任务和内容包括管理机制、人才培养模式、课程体系、实习实训和校企合作等。由于理论指导和实践积累不足，当前我国高职院校的专业群建设面临诸多困难和挑战，如欠缺统筹协调和跨界协同育人机制、忽略人的全面发展和职业生涯规划、校企合作深度不够等。从根本上说，解决这些问题的突破口还在于各高职院校不断深化改革和创新实践。

苏州工业园区服务外包职业学院始建于2008年5月。学校坚持"为产业办教育"的办学理念，实施"创新驱动、科研强校"战略，紧紧围绕服务政府决策、服务区域重点产业的工作重点，通过构建技术服务与咨询政策保障机制、政校企协同创新机制，服务政府决策咨询，服务企业技术创新，形成了政校企多元协议技术咨询与服务体系，使技术咨询与服务能力显著增强。学校的计算机网络技术专业群于2021年入选江苏省高水平专业群建设项目。自开展建设以来，本专业群主动对接苏州工业园区产业结构布局调整，开展了基于"岗课赛证"融通的人才培养模式的研究和实践，形成了具有自身特色的专业群发展模式。

本书是对计算机网络技术专业群建设成果的整理和总结，由张运嵩、刘正和蒋建峰共同编写。在编写过程中，我们得到了计算机网络技术专业群相关领导、教师及合作企业和专家的大力支持与帮助，在此特向他们表示衷心的感谢！

受作者水平限制，本书提出的观点难免存在不足之处，恳请同行不吝赐教，以利我们改进和提高。

目 录

第一章　专业群建设概述　/ 1
　　第一节　专业群建设背景　/ 1
　　第二节　专业群建设核心概念　/ 3
　　第三节　专业群建设意义　/ 5
　　第四节　专业群建设任务　/ 6
　　第五节　专业群建设相关研究　/ 11

第二章　专业群演化历程　/ 20
　　第一节　专业群建设的几个阶段　/ 20
　　第二节　专业群建设的困境与挑战　/ 28

第三章　专业群组建　/ 33
　　第一节　"双高计划"申报　/ 33
　　第二节　专业群组群调研　/ 35
　　第三节　专业群的关系逻辑　/ 42
　　第四节　专业群组建案例　/ 44

第四章　专业群课程体系　/ 68
　　第一节　高职课程设置概述　/ 68
　　第二节　专业群课程体系结构　/ 72

第三节　专业群课程体系案例　/ 79

　　第四节　专业群课程标准案例　/ 86

第五章　专业群人才培养　/ 104

　　第一节　专业群人才培养模式　/ 104

　　第二节　专业群"三教"改革　/ 110

　　第三节　"1+X"证书制度改革　/ 126

　　第四节　专业群人才培养案例　/ 134

第六章　专业群动态调整机制　/ 141

　　第一节　专业群动态调整概述　/ 141

　　第二节　专业群动态调整困境　/ 142

　　第三节　专业群动态调整机制　/ 144

附录　/ 147

参考文献　/ 171

第一章 专业群建设概述

第一节 专业群建设背景

一、职业教育地位和作用日益凸显

2019 年 1 月，国务院颁发了《国家职业教育改革实施方案》（国发〔2019〕4 号）（以下简称"职教 20 条"）。"职教 20 条"明确指出："职业教育与普通教育是两种不同教育类型，具有同等重要地位。"这从根本上确定了职业教育在整个教育体系中的重要地位。随着高等教育大众化进程的不断推进，我国高职院校数量不断增加，招生人数直线上升，职业教育为我国经济社会发展提供了有力的人才和智力支撑。当前，我国进入新的发展阶段，产业升级和经济结构调整不断加快，各行各业对技术技能人才的需求越来越迫切，职业教育的重要地位和作用也越来越凸显。

二、专业建设是职业教育高质量发展的重要抓手

高职院校的专业建设涉及高职院校人才培养的各个方面，是一项复杂的系统性工程。伴随着经济结构调整和企业转型升级，调整专业结构成为高职教育适应产业转型发展的必然要求。然而目前我国高职院校专业建设仍存在诸多问题和制约因素，如人才培养目标定位不明确、人才培养模式陈旧、专业教学质

量评价体系不完善、专业建设资金投入不足等。虽然专业数量越来越多，但是专业建设与行业、企业发展严重脱节，专业人才培养规格和质量远未达到外界预期。

专业建设是高校的立身之本，专业定位是否准确、专业特色是否明显也是衡量高职院校办学水平的重要指标。为应对内外部环境不断出现的新诉求，高职院校在专业结构上主动对接，快速优化。高职教育正迈向从注重外延转向注重内涵，由规模扩张转向提高质量和特色发展的新阶段。提升专业建设内涵、提高人才培养质量、增强职业教育适应性成为高职院校发展的重点。

三、"双高计划"推动高职院校专业群建设

2019年4月，教育部、财政部印发了《关于实施中国特色高水平高职学校和专业建设计划的意见》（教职成〔2019〕5号）（以下简称"《意见》1"）提出在职业教育领域实施中国特色高水平高职学校和专业建设计划（以下简称"双高计划"）。"双高计划"提出，要"集中力量建设一批引领改革、支撑发展、中国特色、世界水平的高职学校和专业群"，要"带动职业教育持续深化改革，强化内涵建设，实现高质量发展"。"双高计划"的总体目标是集中力量建设50所左右高水平高职学校和150个左右高水平专业群，打造技术技能人才培养高地和技术技能创新服务平台，支撑国家重点产业、区域支柱产业发展，引领新时代职业教育实现高质量发展。中国高职院校高水平专业群建设由此拉开序幕。

大力推进高水平专业群建设是"双高计划"设定的主要内容和关键，可以有效统摄职业教育专业、课程、教学、师资、实训、学生等建设要素，发挥其整体性、统合性的功效。高水平专业群建设是推动高职教育深化改革、实现高质量发展的动力机制和重要抓手，也是支撑产业转型升级、适应经济发展方式转变的有效载体和重要途径。

第二节　专业群建设核心概念

一、专业与专业建设

（一）专业

国内外研究学者对于专业并没有形成统一的理论和认识。从不同的角度分析，专业可以有不同的表述。从词源上看，《教育大辞典》认为，专业译自俄文，指"中国、苏联等国高等教育的各个专门领域，大体相当于《国际教育标准分类》中的课程计划（program）或美国高等学校的主修（major）"。这种观点将专业视为高等学校培养学习者的基本组织形式。《高等教育学》将专业解释为课程的组合，认为专业是课程的一种组织形式。《辞海》对专业的定义是："高等学校或中等专业学校根据社会专业分工的需要而设立的学业类别。"这个定义将专业视为高等学校内部的教育基本单位，即专业是一种学业类别。《教育管理辞典》对专业的定义与《辞海》一致，认为专业是高等学校或中等专业学校根据社会分工需要所分的学业门类。各专业都有独立的教学计划，以体现各专业的培养目标和要求。类似的解释还包括《实用教育大词典》，即依据社会分工和经济社会发展需要以及学科的发展和分类状况而划分的学业门类。还有学者从职业的角度解释专业，认为专业是指某种职业不同于其他职业的一些特定的劳动特点，也可指某些特定的社会职业，或"专业性职业"的缩写，其共性就是每一个专业都有一个科学的知识体系。但在高等职业教育领域，专业与社会职业之间不存在严格的一一对应关系，因此不能将专业与社会职业完全等同。

尽管有关专业的各种表述不尽相同，但仍可从中提炼出共通的核心概念，即专业是培养专门领域人才的载体。笔者综合以上各种表述，将专业视作高校根据社会经济发展需要，对学科分类和职业分工进行划分后，以培养专门技术人才为目的的基本组织形式。

（二）专业建设

专业建设有广义和狭义之分。广义的专业建设主要指学校从国家或地区层面出发，根据产业发展需要建立人才培养框架体系。这一层面的专业建设重点关注专业设置和布局，以及专业结构的调整和优化等系统工程。狭义的专业建设则专注于具体的专业建设实践，包括课程建设、师资队伍建设、教材内容建设、校企合作、实训基地建设等。

二、专业群与专业群建设

（一）专业群

与专业的概念一样，从不同的角度解析专业群可以产生不同的内涵理解。例如，有的研究认为专业群的概念源自经济学领域中的产业集群理论。产业集群是指在特定的地理区域和时期内，具有相互联系的企业为实现集聚发展和提高竞争优势而形成的产业链。产业集群建立在因资源聚集而产生的集聚效应和规模效应上，且具有一定的生命周期。产业集群的建立对技术技能人才提出了新的要求。高职院校为适应产业调整和经济转型，主动调整专业结构和布局，通过合并或拆分相关专业，逐渐形成专业群的专业结构形式。还可以从学科群的角度理解专业群的形成。学科群是为了培养复合型人才，打破原有学科界限而形成的学科集合。这些学科一般共享相同或相近的专业课程，具有内在相关性。从目前各高职院校专业群建设的实践看，专业群一般包括一个核心专业和多个相关专业。这些专业对应的学科属性、技术特点、职业面向或产业结构等具有相同或相近的特征。

本书所指的专业群并不特指专业群的某个具体特性，而是指高职院校按照某种组群逻辑对多个专业统筹管理的教学管理单元。专业群能够有效实现教学资源整合，充分发挥资源集聚效应。

（二）专业群建设

专业群建设是高职院校内涵发展的重要路径，也是最终提高人才培养质量的重要抓手。同时，专业群建设又是一项复杂的系统工程，包括专业结构布局、课程体系建设、实训体系建设、培养模式改革、师资队伍组建、组织机构设计、产教融合发展等内容。

专业建设与专业群建设既相互联系又各有侧重点。简单来说，专业群建设比专业建设更加复杂，涉及的因素更广泛。专业群建设有利于实现专业资源共享。学校通过动态灵活调整专业群内的各个专业，有效适应外部产业经济结构调整带来的人才培养需求。从学生的角度看，专业群建设通过优化课程体系，能够满足不同学生的个性化学习需求，也有利于实现学生的全面发展。

第三节 专业群建设意义

专业群建设是体现高职院校内涵式发展的重要指标与特色项目，也是实现高水平高职院校的重要支撑。在"双高计划"背景下，开展专业群建设对培养复合型技术技能人才、构建现代经济体系和促进高质量就业具有重要意义。

一、在宏观上，专业群建设是适应区域产业布局、引领产业发展的新形式

高职教育的职业性决定了其与经济、科技联系最为紧密，能有效推动科技进步、促进经济发展，特别是在产业集群和产业创新中发挥基础性作用。同时，飞速发展的社会经济和日新月异的信息技术也要求高职院校改革自身专业设置，加强与专业岗位群对应的专业群建设，主动适应产业转型升级。一方面，不管是基于专业间的产业链依托、共通的学科基础，还是基于专业间共享教学资源，组建专业群的最终目的都是为区域产业转型升级提供充足的人力资源支持，成为区域经济转型升级发展的智力来源。从这个角度说，专业群建设依托区域经济发展所处的新阶段和发展过程中出现的新问题，这是专业群建设的出发点，也是实现专业群适应性发展的重要抓手。另一方面，从主动对接产业发展到引领产业经济转型升级，这个转换体现了更高水平的专业群建设。要想实现这个转换，需要在专业群建设过程中对本地区或区域外的产业发展进行广泛调研和充分分析，研判产业发展的新模式和未来走向，以及可能出现的新工种、新职业和新岗位，从而确定专业群建设可持续发展的方向。

二、在中观上，专业群建设是适应产业技术变革、对接多维岗位链的新载体

以大数据、云计算、人工智能和新一代信息技术等为代表的技术变革正不

断打破企业的生产边界，使其从独立的生产主体转变为主动利用信息化技术与其他相关企业形成"利益共同体"。技术变革带来了各种产业新形式、新业态和服务新模式。传统的专业建设模式是一个专业对接某个产业。这种模式无法匹配技术变革背景下岗位群的核心技能要求和岗位职业标准。岗位在多重变革下出现跨行业、跨企业和跨生产环节的特性，如"一岗多职""一职多岗"的复合型岗位，对高职院校人才培养目标范畴、课程体系深度及教学主体多维性的要求显著提高。专业群建设可以有效弥补传统专业建设模式的不足。因为专业群立足所服务的区域产业集群，其对接的一般是与产业横向发展相关的各个岗位群。专业群建设要能够培养适应产业发展的复合型人才。因此，能否适应多维度、多层次的岗位链也是专业群建设水平高低的重要评价指标。

三、在微观上，专业群建设是实现教学资源共享、提高整体办学实力的新途径

从高职院校专业群建设的具体实践来看，专业群往往按照行业基础、技术基础、学科基础相同或相近的原则组建，这就从组群逻辑上允许在专业群内的各个专业间共享基础课程、师资队伍、实训设施等教学资源。从经济角度看，共享教学资源可以避免相关专业的重复投入，节约办学成本，提高办学效益。通过专业群建设，高职院校根据产业经济发展，不断优化专业结构，增强专业设置的灵活性，更好地适应外部环境的动态发展。从集群角度看，在专业群建设过程中，在核心专业的带动下，各专业间形成发展合力，从而发挥专业集群优势，这对提升相关专业的建设水平、促进相关专业共同发展具有巨大的推动作用。从高校自身的角度看，针对重点服务的行业领域，高职院校通过深化专业改革，还可以实现专业错位发展，增强办学特色，最终增强整体办学实力。

第四节 专业群建设任务

高职院校专业群顺应产业经济发展需求而生，专业群建设理应对接地区产业发展和岗位需求，把服务地方经济作为专业群建设的发出点和落脚点。高素

质复合型技术技能人才的培养是实现这一目标的核心。"双高计划"明确指出，高水平专业群建设的总体任务是：面向区域或行业重点产业，依托优势特色专业，健全对接产业、动态调整、自我完善的专业群建设发展机制，促进专业资源整合和结构优化，发挥专业群的集聚效应和服务功能，实现人才培养供给侧和产业需求侧结构要素全方位融合；校企共同研制科学规范、国际可借鉴的人才培养方案和课程标准，将新技术、新工艺、新规范等产业先进元素纳入教学标准和教学内容，建设开放共享的专业群课程教学资源和实践教学基地；组建高水平、结构化教师教学创新团队，探索教师分工协作的模块化教学模式，深化教材与教法改革，推动课堂革命。

建立健全多方协同的专业群可持续发展保障机制。专业群的建设任务包括健全专业群管理机制、编制人才培养方案、构建专业群课程体系、落实"三教"改革、建设专业群实训基地、深化产教融合等。

一、建立健全专业群管理机制，提升管理水平

专业群建设是一个复杂的系统工程，涉及跨专业甚至跨院系的专业资源共享。如何打破专业边界和院系边界是摆在专业群建设者面前亟待解决的现实问题，这也是制约专业群建设和发展的关键因素。科学合理的专业群建设必须首先从制度层面建章立制，在管理层面进行规范化，即建立专门的专业群管理机构，健全专业群管理机制，提升管理水平。专业群管理机构要突破传统的专业主管或院系主管模式，能够在不同的专业和院系间建立顺畅的沟通渠道。在人员组成上，专业群管理机构应包括学校负责人、院系负责人、专业负责人、专业教师和行业企业专家等不同角色的人员。对从事专业建设的相关人员，应从制度上明确各自的职责、权利和任务，以及必要的工作汇报流程。只有建立健全专业群管理机制，提升专业群管理水平，才能在不断变化的外部环境中增强专业群的适应力，保证专业群发展不偏离预期目标和路线。

二、编制专业群人才培养方案，确立人才培养目标

人才培养方案是高职院校为落实党和国家关于技术技能人才培养的总体要求，组织开展教学活动、安排教学任务而制定的规范性文件，是高职院校实施专业人才培养和开展质量评价的基本依据。人才培养方案的规范性一方面体现

在其制定过程应依据国家教学标准，另一方面体现在其内容与格式都有详细、明确的规定。人才培养方案的制订是落实专业群人才培养目标的首要任务，属于专业群建设的顶层任务。科学合理的人才培养方案对专业群人才培养具有"把舵领航"的作用。从内容上来说，人才培养方案应当体现专业教学标准规定的各要素和人才培养的主要环节要求，包括专业名称及代码、入学要求、修业年限、职业面向、培养目标与培养规格、课程设置、学时安排、教学进程总体安排、实施保障、毕业要求等。学校可根据区域经济社会发展需求、办学特色和专业实际情况制订专业人才培养方案，具体应满足以下基本要求。

（一）明确专业培养目标

高职院校应根据专业群建设目标，科学合理地确定各专业培养目标，明确学生的知识、能力和素质要求，保证人才培养规格。人才培养方案要注重学用相长、知行合一，着力培养学生的创新精神和实践能力，增强学生的职业适应能力和可持续发展能力。在确定培养目标时应坚持把立德树人作为根本任务，持续深化"三全育人"综合改革，把立德树人融入思想道德教育、文化知识教育、技术技能培养、社会实践教育各环节。另外，制订人才培养方案前还应做好行业企业调研、毕业生跟踪调研和在校生学情调研，分析产业发展趋势和行业企业人才需求，明确专业（群）面向的职业岗位（群）所需要的知识、能力、素质，形成专业人才培养调研报告。

（二）规范课程设置，合理安排学时

高职院校课程分为公共基础课程和专业技能课程两类。高职院校应严格按照国家有关规定开齐开足公共基础课程并科学设置专业技能课程，按照国家教学标准执行课程学时，处理好公共基础课程与专业课程、理论教学与实践教学、学历证书与各类职业培训证书之间的关系，整体设计教学活动。

（三）强化实践环节

实践性教学学时原则上占总学时数的50%以上。高职院校要积极推行认知实习、跟岗实习、顶岗实习等多种实习方式，强化以育人为目标的实习实训考核评价。学生顶岗实习时间一般为6个月。高职院校可根据专业实际，集中或分阶段安排学生顶岗实习时间，建好用好各类实训基地，强化学生实习实训。统筹推进文化育人、实践育人、活动育人，广泛开展各类社会实践活动。

（四）严格毕业要求

高职院校应根据国家有关规定、专业培养目标和培养规格，结合学校办学实际，进一步细化、明确学生毕业要求。严把毕业出口关，确保学生毕业时完成规定的学时、学分和教学环节，结合专业实际组织毕业考试（考核），保证毕业要求的达成度，坚决杜绝"清考"行为。

（五）促进书证融通

高职学校应积极参与实施"1+X"证书制度试点，将职业技能等级标准有关内容及要求有机融入专业课程教学，优化专业人才培养方案。同步参与职业教育国家"学分银行"试点，探索建立有关工作机制，对学历证书和职业技能等级证书所体现的学习成果进行登记和存储，计入个人学习账号，尝试学习成果的认定、积累与转换。

三、构建专业群课程体系，深化人才培养模式改革

专业群建设的核心工作之一就是重构专业群内各专业的课程体系。不管是专业建设还是专业群建设，最终的落脚点都是课程建设。首先，通过调研分析专业群面向的行业领域和技能需求，明确专业群人才培养目标。其次，对岗位群工作任务进行解析，确定专业群课程体系并重构课程内容。最后，在工作领域之上构建专业核心课程，将工作内容转化为课程内容，以工作过程为主线组织教学内容。专业群课程体系建设要突出共享和分层两大特征。按照"专业基础相通、技术领域相近、职业岗位相关、教学资源共享"的原则，构建"底层共享、中层融合、高层互选"的分层递进式专业群课程体系。专业群中各专业往往有部分相同的基础课程，也称为专业群平台课程。"底层共享"是指所有专业的学生必选的基础课程。"中层融合"是指各个专业根据各自的职业面向和岗位技术要求，为培养学生专业技术能力和素质而开设的专业核心课，也被称为专业群方向课程。"高层互选"是指为培养学生的适应能力和职业迁移能力而开设的课程，往往允许学生根据个人兴趣爱好选修，也被称为专业拓展课程。

教学资源库是专业群课程建设的重要内容。教学资源库是指为满足教师教学和学生学习需要而建立的教学支持系统。教学资源库包含各种形式的教学素材，如教学课件、微课视频、动画。专业群教学资源库建设的目的是整合相关

专业的优秀教学资源，实现教学资源的共建共享。专业群教学资源库建设是一项长期的任务，要充分考虑学生的学习特点和规律，利用现代信息技术，为学生创建不受时间和空间限制的自助学习系统。

四、落实"三教"改革，提升人才培养规格和质量

"职教20条"将推动实施"三教"改革作为促进产教融合校企"双元"育人的重要抓手。"三教"改革即教师、教材、教法的改革，分别对应"谁来教""教什么""如何教"三个核心问题。"三教"改革贯穿于职业教育教学的全过程，是涉及教与学各环节的综合改革，也是教学建设的基本要素，目前已成为高职院校深化内涵建设的切入点和推进教育高质量发展的突破口。在"双高计划"建设背景下，"三教"改革有助于提高技术技能人才培养质量，打造高素质复合型技术技能人才队伍。同时，"三教"改革还有助于推动产教融合迈向更高水平，加快构建现代职业教育体系。

五、建设专业群实训基地和高水平人才高地

目前，高职院校的职业技能实训基地建设存在投入少、地区发展不均衡的现象，这在一定程度上限制了高素质技术技能人才的培养。专业群实训基地的建设应有效整合各专业已有的实训基地，既要满足不同专业的共同需求，也要满足各专业的个性化实训需求。"职教20条"提出，推动建设具有辐射引领作用的高水平专业化产教融合实训基地。这对提高技术技能人才培养质量具有十分重要的意义。专业群实训基地建设应特别注重吸引企业和社会力量参与，这样既能减轻高职院校资金压力，也有助于提高实训基地规划和管理水平。

六、深化产教融合，提升校企合作水平

产教融合是现代职业教育的基本特征，也是我国职业教育现代化建设的重要方向。深化产教融合、校企合作是保障职业教育高质量发展的关键举措。新时期，职业教育改革的重心已由"教育"转向"产教"，更加注重服务经济社会发展。随着职业教育提升促进行动不断深入，产教融合的广度与深度也随之不断拓展，产教融合、校企合作效应初步显现。然而，推动职业教育产教融合尚有诸多堵点。产教"融而不合""合而不深"，校企合作"一头热一头冷"

"两张皮"等现象仍然存在,与高质量发展需求还存在一定差距。在"双高计划"建设背景下,高职院校和企业双方应借专业群建设之机,共同探索产教融合、校企合作的新路径。专业群建设应将产教融合作为重点建设内容,将专业发展与行业进步、产业转型、区域发展捆绑在一起,充分发挥各自优势,制定良性互动机制,破解人才培养供给侧与产业需求侧匹配度不高等问题。

第五节 专业群建设相关研究

当前,专业群建设已成为高职院校提高技术技能人才培养质量、促进内涵式发展的重要抓手。专家学者围绕专业群建设的方方面面展开了诸多研究。这些研究有的从理论层面探讨专业群建设的内涵和价值取向,有的从实践层面探索专业群的建设路径和方法;有的从宏观上研究专业群的专业结构和产业布局的关系,有的从微观上探索专业群课程体系和人才培养模式改革。下面从不同角度梳理专业群建设的相关研究成果,从中窥探高职院校专业群建设的具体内容、专业群建设成果和现实问题。

一、专业群建设的内涵意蕴和内在逻辑

(一)高职院校专业群建设的高等性和职业性

高等职业院校本身兼具高等性和职业性,这要求高职院校进行专业群建设时也要从这两个属性出发,坚持专业群高等性和职业性的统一。首先,高职教育作为一种高等教育类型,育人是其首要目标。在高职院校高质量发展的大背景下,育人目标更应关注人的全面发展和持续发展。其次,高职院校专业群建设从地区产业布局出发,根据经济社会发展需要设置专业,为经济社会发展培养复合型技术性人才,这体现了高职院校专业群建设的职业性。

(二)高职院校专业群建设的内涵意蕴

高水平专业群建设是中国特色高水平高职学校和专业建设计划的重要内容。专业群因产业技术变革而生。明确高水平专业群的内涵意蕴,有助于确定专业群的建设方向和实施路径。

专业群建设相较于传统专业建设模式，更强调以质量和效率为目标，以体制改革和制度创新来激发其内在活力和发展动能。据此，专业群适应性发展的内涵意蕴至少包含四个方面：适应区域产业局面、适应产业技术变革、适应岗位链的多维性和适应外部环境的动态发展。高职院校专业群建设既是产业转型升级的外部需求，也是高职教育自身发展的内在要求。一方面，产业转型升级催生复合型人才需求，驱动专业群建设。高职院校应当结合区域产业结构对自身的专业结构进行调协和调整；另一方面，高职教育的双重属性要求高职院校重视受教育者的全面发展和可持续发展，与经济社会发展建立有机联系，更加关注长远教育价值。专业群是高职院校一种新型的专业建设模式和集约化的专业管理模式。高职院校通过有效整合内外部资源，根据产业结构的发展变化，动态调整自身专业结构，从而提高教育资源收益，提升技术技能人才的培养质量。

（三）高职院校专业群建设的内在逻辑

1. 从专业群组群逻辑、政策逻辑、类型逻辑和行动逻辑出发

研究专业群建设的内在逻辑，可以从专业群组群逻辑、政策逻辑、类型逻辑和行动逻辑四个方面出发。

（1）从组群逻辑上看，专业群的组群逻辑可分为产业链逻辑、岗位群逻辑和群内部逻辑三种。遵循产业链逻辑组建的专业群围绕某一产业的结构、空间及链条发展情况进行组建，并跟随产业调整与升级而持续优化。依托岗位群逻辑组建的专业群以职业岗位为依据，在充分体现职业分工关系的基础上，针对各岗位群人才需求将相关专业进行组合。按照群内部逻辑组建的专业群是围绕某一或若干相近学科领域，且具有强学科知识支撑的一类专业集合。群内部逻辑也可理解为一种知识逻辑，即将专业作为一个知识传递和生产载体。知识关系是专业关系的核心，依据专业知识的相关性和内在逻辑构建专业群。

（2）从政策逻辑上看，高职院校专业群建设必须贯彻落实国家有关政策要求。国家从政策层面要求高职院校应高度整合产教双端的优势资源，充分发挥群内专业的集聚效应，与企业共同研制科学规范、国际可借鉴的人才培养方案和课程标准，将新技术、新工艺、新规范等产业先进元素纳入教学标准和教学内容，建设开放共享的专业群课程教学资源和实践教学基地。

（3）从类型逻辑上看，高职院校专业群建设既是一种教育类型价值的体

现，也是彰显类型教育特色的重要举措。一方面，高职院校专业群建设应突出职业性特点，以推动区域经济发展、促进就业为导向，主动适应外部社会经济需求。另一方面，高职院校专业群建设应注重产业与教育的双端整合，即在人才培养实施过程中，发挥群聚优势，优化整合高职院校内部和行业企业外部的软硬件资源，使得专业群培养的技术技能人才在劳动力市场中比单个专业培养的技术技能人才更具竞争力。

（4）从行动逻辑上看，高职院校专业群建设需要遵循一定的规律，这决定了专业群建设的长效发展。具体的行动逻辑包括以内外联动为纲、以集聚创新为要、以质量保障为基。

2. 从专业群建设和政策演讲出发

研究专业群建设的内在逻辑，可以从专业群建设的政策演进出发，从中推导专业群建设政策的时空逻辑、行动逻辑和牵引逻辑。

（1）从时空逻辑上看，我国专业群定位经历了从传统专业发展的"适应观"到"引领观"的转变，尤其是在突出职业教育的类型教育属性和同等地位的发展阶段，高水平专业群建设遵循引领国家战略发展的变革逻辑，需要从组群逻辑、资源整合、管理组织等方面把握政策变革规律。

（2）在行动逻辑上，高职院校专业群建设在数量上从递增到递减的过程反映出专业群建设从规模扩增到质量优化的行动转变，体现高职教育从扩增到提质的行动逻辑，也是高职院校从大众化扩张到内涵化发展的实践路径。

（3）从牵引逻辑上看，高职院校专业群建设从早期关注就业问题到现在更加重视复合能力、创新能力、发展能力，从相对功利的就业导向转变为服务学生生涯发展导向的内在逻辑。这是高职院校为促进个人生涯的终身发展，满足个体生涯发展过程中"终身学习"和"更好就业"两大目标而对育人导向做出的相应调整。

二、专业群建设的现实问题与发展方略

现阶段，专业群的适应性发展仍然面临诸多制约因素。在宏观层面上，当前专业群建设较难实现区域内专业群共建；在中观层面上，较难实现多方跨界协同育人；在微观层面上，现有管理模式相对固化。

部分学者从高职院校内外部两个角度探讨高水平专业群在适应性建设和发

展中的实践模式。从外部来说，他们建议构建多方协同的高水平专业群建设框架，包括建立区域高水平专业群研究咨询机构，建设多方协同的高水平专业群生态体系。从内部来说，他们建议要构建高水平专业群弹性管理机制，如确定各个主体嵌入高水平专业群建设的柔性治理模式，确定高水平专业群及群落和生态系统的灵活运作机制，逐步建立一种相对动态稳定、平衡发展的高水平专业群发展生态系统。

当前专业群建设仍存在组群逻辑落地不实、资源整合广度不够、产教融合深度不足、内涵建设精度不准等问题。例如：组群逻辑设计向已有建设基础妥协，组群逻辑落地时路径不够清晰，专业群可持续发展机制缺失；资源整合局限于校内，资源整合广度不够，资源整合相对松散；行业企业无法深度参与到专业群建设过程中，导致人才培养与产业需求脱节、专业群建设与产业发展脱节；专业群内课程改革的协同度、教师创新团队建设的融合度、教材编写的互补度、教法改革的整体度均显不足。

高职院校高水平专业群建设应坚持以顶层设计为统领、以资源整合为保障、以模式创新为动力、以"三教"改革为核心、以科学研究为辅助、以服务社会为宗旨的实施方略。高职院校专业群构建的发展方略可以概括为：调整专业群内部专业布局，促进专业群内外部资源共享；立足专业群办学根本，调整专业群课程体系；协同区域产业结构转型发展，提高专业群与产业集群的适应性。若从数字化转型背景下高水平专业群适应性发展的典型特征入手，则可从四个层面剖析专业群适应性发展的现实困境。

（1）产业层面：专业群较难适应区域产业的统筹布局。

（2）技术层面：人才培养目标较难匹配企业的数字化转型。

（3）制度层面：现有建设模式制约专业群的适应性发展。

（4）体系层面：较难形成区域职业教育多方协同体系以共建高水平专业群。

专业群优化路径包括：合理规划高水平专业群布局，适应区域数字产业链分布；围绕岗位技能设定人才培养目标，基于工作流程构建课程体系；树立高水平专业群与产业同频共振理念，推动专业群弹性建设模式；扩展高水平专业群建设边界，构建政、校、行、企多方主体协同育人模式。

三、专业群的组群逻辑和动态调整

专业群的组群逻辑是专业群建设的逻辑起点，体现专业群建设过程中各要素的相互关系。专业群有多重组群逻辑，终极目标是促进专业资源整合和结构优化，发挥专业群的集聚效应和服务功能，实现人才培养供给侧和产业需求侧结构要素全方位融合。

（一）专业群组群逻辑

1. 专业群组群的内部逻辑：基于学科基础组建专业群

高职院校的专业建设都具有一定的学科基础。美国高等教育学者伯顿·克拉克（Burton R. Clark）指出：学科是构成知识的原理，而知识的专业化是构成其他一切知识的基石。但随着学科知识的不断细化，各学科之间存在明显的知识屏障或知识壁垒。将学科基础相同的若干专业组建为专业群，能够发挥各学科之间知识共享功能，通过学科交叉衔接打破专业间的知识壁垒。目前研究普遍认为，专业群应将具有发展优势的重点专业或特色专业作为核心专业，然后围绕核心专业选择具有相同或相近的学科基础、技术能力要求趋同的相关专业。这种组群方式能够有效实现教学资源和师资资源的整合和共享。

2. 专业群组群的外部逻辑：基于产业链和岗位群组建专业群

高职院校的职业属性决定了高职院校组建专业群时必须考虑专业群与产业链和岗位群的对应关系。通过前期调研明确组建专业群的可行性及必要性，这是组建专业群的首要工作，也为专业群后续发展提供了正确的方向指引。已有研究认为，专业群组建应充分调研、分析区域经济发展规划，主动对接区域主导产业、新兴产业。专业群内部专业设置应面向不同行业领域出现的新行业业态及不断延长的产业链。

岗位群是由技能需求相同或相近的岗位群体组合而成的岗位集合。高职院校专业设置依托职业岗位。为适应产业技术变革下多维变化的岗位链，培养能够匹配工作岗位所要求的素质与核心技能的复合型人才，基于岗位群组建专业群是高职院校组建专业群的合理途径。

（二）专业群动态调整

产业群不断发展和调整，与之对应的专业群也应不断优化、调整，因此专业群建设是一个动态调整的过程。专业群的动态调整首先涉及专业群评价。已有研究普遍建议从专业群人才培养对产业的贡献度、行业企业的参与度、专业结构与产业结构的契合度、产业导向下专业的提升度以及毕业生就业质量等方面对专业群建设进行评价，评价主体应由行业、企业、第三方评价机构等组成。

专业群调整应建立多方协同参与的调整机制。例如，政府相关部门从需求侧协同各方制定人才发展规划和人才需求预测，教育部门协调建立人才培养质量发布制度，高职院校从供给侧进行专业结构优化调整。专业调整和专业群建设需要各个部门联动，从而有效提升人才培养的效率。高职教育以就业为导向，有学者因此将就业质量作为评价专业群人才培养质量的关键指标，进而作为专业群动态调整的依据。区域经济产业结构调整给高职院校的发展带来了机遇和挑战。为了把握机遇，占领未来人才培养高地，掌握人才培养的主动权，高职院校可以从四个方面进行调整：一是适时调整专业设置；二是紧贴市场，整合专业，建立优势专业群；三是加快课程改革，建设品牌特色课程体系；四是大力推进"政产学研"合作，抢占人才培养先机。

四、专业群课程体系建设

"专业建设，课程为王"的观点一方面体现了课程建设在专业建设中的核心地位，另一方面充分反映了课程建设的复杂性和系统性。在"双高计划"建设背景下，专业群课程体系建设对指导教学内容和教材等教学资源建设、教学模式改革，最终实现专业群人才培养目标具有重要推动作用。

在专业群课程体系与专业课程体系的关系上，已有研究普遍认为专业课程包含于专业群课程，是专业群课程体系的建设要素。专业群课程体系建设重在跨专业实现课程共建共享，同时保持专业课程的特色。在具体方法上，有学者建议根据专业群面向的工作领域和核心岗位构建专业核心课程，将工作内容转化为课程内容，以工作过程为主线组织教学内容。

模块化是目前高职院校专业群课程体系建设的主要模式。课程模块化有多种表现形式，如"平台+模块+方向""基础共享、核心分立、拓展互选""横向层次、纵向链式"等。部分高职院校按照各阶段的学习重点，整合各专业资源，构建了基础平台资源共享、职业技能课程分立、综合提升课程互选的课程体系。"岗课赛证"融通也是专业群课程体系建设的方向。部分高职院校在教学内容选取上以国家教学标准和专业人才培养方案为基础,主动对接职业技能大赛和相关"1+X"职业技能等级证书的考核内容和评价标准。同时,将岗位核心技能要求融入教学目标,着力提高人才培养质量。

五、专业群人才培养模式改革

高职院校专业群建设要求教师按照一定的人才培养模式实施教育教学活动。人才培养模式指的是为实现人才培养目标而实施的教育教学活动的运行模式。人才培养模式要以一定的教育思想和理念作为指导,是对人才培养目标的过程性谋划和管理,具有整体性、系统性、范式性和可操作性。学者普遍认为,人才培养模式包括培养目标、培养体系、培养过程和培养机制四个部分。当前研究主要关注专业群人才培养模式的差异化培养、模式构建和"三教"改革实践。

陈本锋[①]调研了全国200所处于不同发展阶段的高职院校的办学基础、师资力量和学生状态,在对差别化人才培养模式概念进行辨析与差别化学校典型案例进行比较的基础上,定位分层化的培养目标,构建特性化的培养体系,实施差别化的培养过程,归纳类型化的培养机制,进而探索可操作性强、菜单式的差别化人才培养模式。其研究表明,当前高职院校的生源越来越多样化,学生表现出的学习基础、学习能力和综合素质差异比较明显。对不同高职院校的学生及同一高职院校不同学情基础的学生,宜采用差别化的人才培养模式,为学生实现共同进步提供更有利的学习环境。

户文月等[②]从供给侧理论角度重构协同育人大环境,构建了"三全育人"新格局。在"三全育人"新格局内涵及维度选择上依据利益相关者理论设定"三全育人"中"全员"层次关系,依据生命周期理论重构"三全育人"中"全过程"维度,根据空间理论拓展"三全育人"中"全方位"内涵。针对现阶段全程育人的"程"链条断裂、全员育人的"员"角色缺位、全方位育人的"方位"维度缺失等问题,通过打通校内、校外育人渠道,兼顾政府、学校、学生、家庭、社会和市场六方主体需求,在资源要素维度和育人成果维度

---

① 陈本锋.高等职业院校差别化人才培养模式研究[J].教育科学论坛,2021(36):54–59.
② 户文月,田乃清.基于增强职业教育适应性的"三全育人"新格局模型构建[J].无锡职业技术学院学报,2021,20(5):1–5.

进行延展，实现人才供需平衡，增强职业教育在学校、学生、家庭、社会、市场和政府六个主体间的适应性。

曹著明等①在分析专业群课程体系的基础上，对专业群模式下"三教"改革的目标、策略和路径进行了思考和总结。他们认为："三教"中的教师、教材、教法是相辅相成、相互影响的；在进行"三教"改革时应依托产学研工作，将三者进行统筹规划和实施；专业群建设的核心是培养复合型技术技能人才，实现产教融合，服务区域经济，同时提高人才培养质量，而这些工作的落实需要"三教"改革来支撑。作者从三个方面阐述实施"三教"改革对专业群建设的意义：一是专业群培养复合型技术技能人才，需要重新构建包含教师、教材和教法的人才培养系统。二是产教融合需要产学研一体化来支撑，而产学研的实施需要构建双师团队以开展基于产学研的教育教学改革。同时，教育教学的规范和成果需要立体化教材来完善和巩固。三是人才培养质量的提高迫切需要深化"三教"改革，而职业教育"三教"改革的目标是加强校企合作，深化产教融合。

六、专业群校企合作

"双高计划"确立的基本原则之一即坚持产教融合，这是高职教育的职业属性的必然要求。高职教育的职业性要求高职院校精准对接区域人才需求，增强其产业转型升级的能力，推动高职学校和行业企业形成命运共同体，为加快建设现代产业体系、增强产业核心竞争力提供有力支撑。

在总体方向上，童世华等②提出三条建议：一是深入校企合作，加速产教融合；二是发挥职教集团等组织作用；三是探索产教融合新方式。以第三条建议为例，作者认为应推进校企双方利益融合，建立长效合作机制；推进校企制度融合，为学生职业发展做准备；推进校企文化融合，为培养高素质人才奠定基础；推进校企技术融合，实现教育价值和经济社会价值；推进校企资源融合，夯实校企合作物质基础；推进校企人员融合，提高师生和员工职业素养。

在实现形式上，2020年7月，教育部办公厅、工业和信息化部办公厅印发

---

① 曹著明，阎兵，宋改敏，等. 专业群人才培养模式下"三教"改革研究［J］. 职业教育研究，2020(8)：41-46.

② 童世华，黎娅，唐珊珊，等. "双高计划"背景下的专业群建设与评价机制研究：以信息安全技术应用专业群为例［M］. 北京：中国水利水电出版社，2021.

了《现代产业学院建设指南（试行）》（教高厅函〔2020〕16号）。该指南明确了产业学院在建设过程中应坚持的原则，包括坚持育人为本、坚持产业为要、坚持产教融合、坚持创新发展。江洧等[①]探索了产业学院的构建原则、合作方遴选机制、建设规划、项目设计、项目推进和治理体系，为基于产业学院的专业群产教融合之路提供了有益的参考。童世华等[②]分析了当前职教集团模式的现实问题，如校企双方合作不深入、合作内容具有局限性、合作动力不可持续等。针对这些问题，作者提出，首先，应明确职教集团的定位和功能，为职教集团持续向好发展提供保障。其次，要充分发挥行业协会的组织作用，借助行业协会对企业的组织能力，调动企业参与职业教育的积极性。最后，要健全职教集团的运行机制，设置专职工作人员，并制定一套相对完善的运行机制，只有这样，才能保证职教集团事务的有效推进。

七、专业群管理机制

专业群建设的组织实施要求建立健全多方协同的专业群可持续发展保障机制。有学者提出可以从五个方面着手建立该机制：建立与完善组织管理机制，建立与完善评价机制，建立与完善资源保障机制，建立与完善信息反馈机制，建立与完成保障机制运行。

杨善江[③]从宏观、中观和微观三个层面阐述专业群的组织管理形式。在宏观层面，通过建立公共信息平台，引导政府、高职院校与行业企业发布人才供需相关信息，构建政府、学校、行业、企业多方主体协同参与的专业群建设模式；在中观层面，应完善创新校企参与的专业群机制，包括以区域产业为纽带的职业教育集团、专业群建设委员会、产业学院，以及现代学徒制等人才培养机制；在微观层面，应明确系主任、专业群负责人或专业带头人在专业建设、学院组织、学习者管理等方面的责任。根据产业发展和技术进步调整专业课程内容，实施柔性化的专业管理与柔性化的课程组织。

---

① 江洧，张劲，杨栗晶. 双高计划专业群建设理论与实务［M］. 北京：电子工业出版社，2023.
② 童世华，黎娅，唐珊珊，等. "双高计划"背景下的专业群建设与评价机制研究：以信息安全技术应用专业群为例［M］. 北京：中国水利水电出版社，2021.
③ 杨善江：高职院校专业群对接区域产业群的适应性分析：以常州高职教育园区为例［J］. 职业技术教育，2013，34（5）：9-12.

第二章 专业群演化历程

第一节 专业群建设的几个阶段

当前，我国高职院校已进入高质量发展的新阶段。专业群建设是高职院校转变发展方向、提升人才培养质量和增强职业教育核心竞争力的重要抓手。近20年来，我国高职院校专业群建设经历了示范引领—推广普及—提质培优—高水平发展四个建设阶段，每个阶段特征各异。这些特征受国家专业群建设策略的引导和推动，表现出明显的政策导向。

一、专业群"示范引领"建设阶段（2004—2009）

2005年10月，国务院出台《关于大力发展职业教育的决定》（国发〔2005〕35号，以下简称《决定》），提出要在整合资源、深化改革、创新机制的基础上，重点建设100所示范性高等职业院校，大力提升这些学校培养高素质技能型人才的能力。为贯彻落实该文件精神，提高高等职业教育质量，2006年11月，教育部、财政部发布了《关于实施国家示范性高等职业院校建设计划 加快高等职业教育改革与发展的意见》（教高〔2006〕14号，以下简称"《意见》2"）。"《意见》2"首次提出了专业群的概念，2006年也因此成为专业群发展的元年。"《意见》2"提出了以提高示范院校整体水平、推进教学建设和教学改革、加强重点专业领域建设、增强社会服务能力、创建共享型专业教学资源库为主要内容的"国示范"高职院校建设任务，支持100所高水平示范院校建设，重点建成500个左右产业覆盖广、办学条件好、产学结合紧密、人才培养质量高的特色专业群。同年，教育部又发布了《关于全面提高高等职业教育教学质量的若干意见》（教高〔2006〕16号，以下简称"《意见》3"）文件，强调要根据市场需求与专业设置情况，建立以重点专业为龙头、相关专业为支撑的专业群。这两个相继发布的政策文件开启了高职教育国家示范校建设的新征程，标志着专业群"示范引领"建设阶段的正式开端。截至2010年，三批共440个重点专业群的试点建设先后完成。

这一阶段的政策导向主要集中在以下几方面。

（一）充分发挥示范院校的示范引领作用

《决定》提出，要大力提升国家示范性高职院校培养高素质技能型人才的水平，促进它们在深化改革、创新体制和机制中起到示范作用，带动全国职业院校办出特色、提高水平。"《意见》2"明确了要通过实施国家示范性高等职业院校建设计划，使示范院校在办学实力、教学质量、管理水平、办学效益和辐射能力等方面有较大提高，特别是在深化教育教学改革、创新人才培养模式、建设高水平专兼结合专业教学团队、增强社会服务能力和创建办学特色等方面取得明显进展。同时，还要发挥示范院校的示范作用，带动高等职业教育加快改革与发展，逐步形成结构合理、功能完善、质量优良的高等职业教育体系，更好地为经济建设和社会发展服务。

（二）坚持以就业为导向，增强职业人员的就业能力

自2002年全国职业教育工作会议以来，以就业为导向，改革与发展职业教育逐步成为社会共识，职业教育规模进一步扩大，服务经济社会的能力明显增强。《决定》提出"以服务为宗旨、以就业为导向"的职业教育办学方针，积极推动传统的升学导向向就业导向转变。以就业为导向的具体任务包括职业教育要为农村劳动力转移服务，促进农村劳动力合理有序转移，提高进城农民工的职业技能，帮助他们在城镇稳定就业。职业院校和培训机构要为就业、再就业服务，面向城镇失业人员、农民工等人群开展各种形式的职业技能培训和创业培训，增强他们的就业能力、工作能力、职业转换能力及创业能力。"《意见》3"要求教育行政部门及时发布各专业人才培养规模变化、就业状况和供求情况，调控与优化专业结构布局，在教学评估过程中将毕业生就业率与就业

质量作为重要考核指标。

（三）大力推行工学结合、校企合作的培养模式

《决定》将推行工学结合、校企合作的培养模式作为深化职业教育教学改革的重要举措，在办学体制上要求推动公办职业学校与企业合作办学，形成前校后厂（场）、校企合一的办学实体。"《意见》2"要求合作开发一批体现工学结合特色的课程体系。"《意见》3"明确指出，高等职业院校要按照企业需要开展企业员工的职业培训，与企业合作开展应用研究和技术开发，使企业在分享学校资源优势的同时，参与学校的改革与发展，使学校在校企合作中创新人才培养模式。"《意见》3"进而要求把工学结合作为高等职业教育人才培养模式改革的重要切入点，带动专业调整与建设，引导课程设置、教学内容和教学方法改革。

二、专业群"推广普及"建设阶段（2010—2014）

2010年7月，教育部、财政部联合下发《关于进一步推进"国家示范性高等职业院校建设计划"实施工作的通知》（教高〔2010〕8号）（以下简称"《通知》1"），决定继续推进"国家示范性高等职业院校建设计划"实施工作，增加国家重点建设院校数量，加快高等职业教育改革与发展，全面提高人才培养质量和办学水平，更好地发挥高职院校在培养高素质的高级技能型专门人才、促进就业、改善民生、构建终身教育体系和建设学习型社会等方面的重要作用。"《通知》1"提出新增100所左右骨干高职建设院校，形成国家示范高职院校为引领、国家骨干高职院校带动、以省级重点建设高职院校为支撑的发展格局，推动本地高职院校办出特色，人才培养质量和办学水平整体提升，毕业生就业率与就业质量逐年提高，高等职业教育办学的制度环境明显优化，对区域经济社会发展的支撑作用显著增强。2011年9月，教育部发布《关于推进高等职业教育改革创新引领职业教育科学发展的若干意见》（教职成〔2011〕12号）（以下简称"《意见》4"），强调高等职业教育必须准确把握定位和发展方向，自觉承担起服务经济发展方式转变和现代产业体系建设的时代责任。"《意见》4"还明确高职教育必须坚持以服务为宗旨、以就业为导向，走产学研结合发展的道路，以提高质量为核心，以增强特色为重点，以合作办学、合作育人、合作就业、合作发展为主线，创新体制机制，深化教育教学改革，围

绕国家现代产业体系建设，服务中国创造战略规划，加强中高职协调，系统培养技能型人才，努力建设中国特色、世界水准的高等职业教育，在现代职业教育体系建设中发挥引领作用。为整体提高高职学校办学水平和人才培养质量，增强高等职业教育服务国家经济发展方式转变和现代产业体系建设的能力，2011年9月，教育部、财政部决定2011—2012年实施"支持高等职业学校提升专业服务能力"项目（以下简称"项目1"）。该项目的基本思路是在全国独立设置的公办高等职业学校中，支持一批紧贴产业发展需求、校企深度融合、社会认可度高、就业好的专业进行重点建设，推动高等职业学校创新体制机制，加快人才培养模式改革，整体提升专业发展水平和服务能力，为国家现代产业体系建设输送大批高端技能型专门人才。2014年6月，国家出台了《现代职业教育体系建设规划（2014—2020年）》（以下简称《建设规划》）。《建设规划》的总体目标是到2020年，形成适应发展需求、产教深度融合、中职高职衔接、职业教育与普通教育相互沟通，体现终身教育理念，具有中国特色、世界水平的现代职业教育体系，建立人才培养立交桥，形成合理教育结构，推动现代教育体系基本建立、教育现代化基本实现。《建设规划》还提出了建设现代教育体系的十二项重点任务。

这一阶段的政策导向有下面两个突出特点。

1. 强调专业群建设以增强服务产业能力为目标

"《通知》1"强调要增强高职院校服务区域经济社会发展的能力，培养区域产业发展急需人才，拓展社会服务功能，实现行业企业与高职院校相互促进，区域经济社会与高职教育和谐发展。"《意见》4"将服务经济转型确定为高等职业教育的发展方向，要求高职教育以区域产业发展对人才的需求为依据，明晰人才培养目标，突出人才培养的针对性、灵活性和开放性。"《意见》4"还提出高职院校要搭建产学研结合的技术推广服务平台，面向企业开展技术服务，推进科技成果转化，建立专业教师密切联系企业的制度，引导和激励教师主动为企业和社会服务。《建设规划》将优化职业教育服务产业布局列为现代教育体系建设的首要任务，要求高职教育增强服务工业转型升级能力，加快培养现代服务业人才，加紧满足社会建设和社会管理人才需求。

2. 强调专业群建设要坚持特色发展

"《通知》1"要求各地支持特色院校和特色专业做优做强，遴选推荐改革成绩突出、特色鲜明的高职院校进行建设，推动本地高职院校办出特色。"《意见》4"明确提出，高等职业学校要以增强特色为重点，全面提升高等职业教育质量，并要求各地教育行政部门将高等职业教育纳入本地经济社会和产业发展规划，支持特色学校和特色专业做优做强。"项目1"提出，2011—2012年，支持1 000个左右高职专业进行重点建设，要求坚持特色发展，主动面向重点产业和特色产业，充分发挥建设专业的引领辐射作用。《建设规划》要求增强职业教育服务当地特色优势产业的能力，鼓励行业特色明显的普通高等学校参与职业教育集团，鼓励大型企业、科研机构和行业协会举办或参与举办专业特色明显的特色学院。《建设规划》还要求：到2015年，基本完成新一轮专业设置改革，学校特色优势专业集中度显著提高；到2020年，基本形成对接紧密、特色鲜明、动态调整的职业教育课程体系。

三、专业群"提质培优"建设阶段（2015—2018）

2015年8月，教育部印发《职业院校管理水平提升行动计划（2015—2018年）》（教职成〔2015〕7号，以下简称"《行动计划》1"），其工作目标是经过三年努力，使职业院校以人为本管理理念更加巩固，现代学校制度逐步完善，办学行为更加规范，办学活力显著增强，办学质量不断提高，依法治校、自主办学、民主管理的运行机制基本建立，多元参与的职业院校质量评价与保障体系不断完善，职业院校自身吸引力、核心竞争力和社会美誉度明显提高。同年10月，教育部印发《高等职业教育创新发展行动计划（2015—2018年）》（教职成〔2015〕9号，以下简称"《行动计划》2"），其中明确提出，通过三年建设，高等职业教育整体实力显著增强，人才培养结构更加合理、质量持续提高，服务经济社会发展水平显著提升，高等教育结构优化成效更加明显，现代职业教育体系日臻完善。2017年1月，国务院印发《国家教育事业发展"十三五"规划》（以下简称《教育十三五规划》），提出推进高等教育分类发展，加快发展现代职业教育。2015年7月，教育部印发《关于深化职业教育教学改革 全面提高人才培养质量的若干意见》（教职成〔2015〕6号，以下简称"《意见》5"），指出职业教育要坚持走内涵式发展道路，适应经济发展新常态和技术技能人才成长成才需要，以增强学生就业创业能力为核心，全面提高人才培养质量。2017年2月，国家发改委、教育部、人社部联合印发《教育现代化推进工程实施方案》（发改社会〔2017〕285号，以下简称"《实施方案》1"），提出实施教育现代化推进工程，推动基本公共教育均衡发展，深化职业教育产教融合，增强高校创新人才培养能力。

这一阶段的政策导向有下面几个突出特点。

（一）推动建立专业及专业群动态调整机制

在专业设置上，教育部于2015年10月印发的《普通高等学校高等职业教育（专科）专业设置管理办法》和《普通高等学校高等职业教育（专科）专业目录（2015年）》明确要求高职专业设置实行备案制，对专业设置原则、专业设置要求与条件、专业设置程序等实施层面都有详细的实施细则，明确提出省级教育行政部门要建立健全本地区高职专业设置的预警和动态调整机制，在优化专业布局和调整专业结构时要考虑招生计划、招生计划完成率、报到率、就业率、生均经费投入、办学情况评价结果等指标。《建设规划》中已提及，要建立产业结构调整驱动专业改革机制、专业设置信息发布平台和动态调整预警机制，推动职业教育层次和专业结构调整与区域产业结构调整相适应，到2020年，基本形成对接紧密、特色鲜明、动态调整的职业教育课程体系。"《行动计划》1"重在以规范管理来保障发展，"《行动计划》2"则重在以改革创新来引领发展。"《意见》5"提出，职业院校要参照《产业结构调整指导目录》，重点设置区域经济社会发展急需的鼓励类产业相关专业，减少或取消设置限制类、淘汰类产业相关专业。同时，还要建立专业设置动态调整机制，优化服务产业发展的专业布局。各地要统筹管理本地区专业设置，围绕区域产业转型升级，加强宏观调控，努力形成与区域产业分布形态相适应的专业布局。

（二）建立诊断改进和质量保障机制

"《行动计划》1"提出，要引导和帮助职业院校建立自我诊断、自我改进和自我完善的长效机制。"《行动计划》2"则提出，要以高等职业院校人才培养工作状态数据为基础，开展教学诊断和改进工作，推动高等职业院校全面建立完善内部质量保证体系，支持优质高等职业院校实现更高水平发展。2015年10月26日，十八届五中全会在北京召开，以建设教育强国为目标，通过了《国家教育事业发展"十三五"规划》（以下简称《"十三五"规划》）。《"十三五"规划》提出把构筑质量保障体系作为基本保障，把教育信息化作为重要手段，全面提高教育质量。具体措施包括完善各级各类学校教育质量评估认证机制，健全国家教育标准体系，改进和完善教育评价体系和质量监测制度，充分发挥教育评价对科学育人的导向作用。"《意见》5"要求全面开展教学诊断与改进工作，切实发挥学校的教育质量保证主体作用，不断完善内部质量保证制度体系和运行机制。

（三）深化产教融合的专业群建设机制

《建设规划》将产教融合发展作为构建现代职业教育体系的基本原则，坚持走开放融合、改革创新的中国特色现代职业教育体系建设道路，推动职业教育融入经济社会发展的全过程，推动专业设置与产业需求、课程内容与职业标准、教学过程与生产过程对接，实现职业教育与技术进步、生产方式变革及社会公共服务相适应。"《行动计划》2"提到要推动专科高等职业院校与当地企业合作办学、合作育人、合作发展，鼓励校企共建以现代学徒制培养为主的特色学院；多方以市场为导向共建应用技术协同创新中心。"《意见》5"再次明确了坚持产教融合、校企合作的基本原则，要求推动教育教学改革与产业转型升级衔接配套，加强行业指导、评价和服务，发挥企业重要办学主体作用，推进行业企业参与人才培养全过程，实现校企协同育人。在推进产教深度融合的具体措施上，"《意见》5"给出了深化校企协同育人、强化行业对教育教学的指导、推进专业教学紧贴技术进步和生产实际、有效开展实践性教学等几个指导意见。"《实施方案》1"明确提出，要实施职业教育产教融合工程，以深化产教融合、校企合作，发挥企业重要办学主体作用为建设目标，以实训设施建设为重点，改善人才培养条件，加强实践育人。

（四）推进骨干专业建设发展

《建设规划》提出，根据各主体功能区的定位，推动区域内职业院校科学定位，使每一所职业院校集中力量办好当地经济社会需要的特色优势专业（集群）。《建设规划》要求办好特色优势专业，压缩供过于求的专业，使学校特色优势专业集中度显著提高。"《行动计划》2"提出职业院校骨干专业特色发展的基本原则，支持紧贴产业发展、校企深度合作、社会认可度高的骨干专业建设，以提升专业建设水平。

四、专业群"高水平发展"建设阶段（2019年至今）

2019年1月，国务院发布新时代职业教育"中国方案"，即《国家职业教育改革实施方案》（以下简称"职教20条"）。"职教20条"提出，经过5—10年时间，职业教育基本完成由政府举办为主向政府统筹管理、社会多元办学的格局转变，由追求规模扩张向提高质量转变，由参照普通教育办学模式向企业社会参与、专业特色鲜明的类型教育转变，大幅提升新时代职业教育现代化水平，为促进经济社会发展和增强国家竞争力提供优质人才资源支撑。同年4月，"双高计划"的推出意味着中国高职院校专业群建设进入新的阶段。为贯彻落实"职教20条"，2020年9月，教育部、国家发展改革委、工业和信息化部、财政部、人力资源和社会保障部、农业农村部、国务院国资委、国家税务总局、国务院扶贫办9个部门联合印发《职业教育提质培优行动计划（2020—2023年）》（教职成〔2020〕7号，以下简称"《行动计划》3"）。"《行动计划》3"以推进职业教育协调发展、深化职业教育产教融合、校企合作、实施职业教育治理能力提升行动、实施职业教育"三教"改革攻坚行动等为主要建设任务，力争通过建设，使中国特色现代职业教育的体系更加完备、制度更加健全、标准更加完善、条件更加充足、评价更加科学。2021年10月，中共中央办公厅、国务院办公厅印发《关于推动现代职业教育高质量发展的意见》（以下简称"《意见》6"），提出到2025年，职业教育类型特色更加鲜明，现代职业教育体系基本建成，技能型社会建设全面推进。到2035年，职业教育整体水平进入世界前列，技能型社会基本建成。2022年12月，中共中央办公厅、国务院办公厅印发《关于深化现代职业教育体系建设改革的意见》（以下简称"《意见》7"），要求深入贯彻党的二十大精神，把推动现代职业教育高质量发展摆在更加突出的位置，以增强职业学校关键能力为基础，以深化产教融合为重点，以推动职普融通为关键，以科教融汇为新方向，有序有效地推进现代职业教育体系建设改革，切实提高职业教育的质量、适应性和吸引力，培养更多高素质技术技能人才、能工巧匠、大国工匠，为加快建设教育强国、科技强国、人才强国奠定坚实基础。

这一阶段的政策导向有下面两个突出特点。

（一）突出职业教育类型特色

"职教20条"开宗明义地指出职业教育与普通教育是两种不同教育类型，具有同等重要地位。"职教20条"最大的贡献就是确立了职业教育的类型地位，正式确定职业教育在我国教育体系中是一个单独种类的教育。一方面，这对于摆正职业教育的地位，发挥职业教育服务社会和个体发展的能力，以及推进职业教育治理体系和治理能力现代化，具有重要的战略意义。另一方面，"职教20条"还具有重要的政策指导和实践意义，指明了职业教育的发展方向，有利于职业教育系统更明晰自己的功能和作用，进一步探索和完善职业教育独特的办学模式和人才培养模式。"《意见》6"强调要强化职业教育类型特色，巩固职业教育类型定位，推进不同层次职业教育纵向贯通，促进不同类型教育横向融通。这是落实"《实施方案》1"中职业教育类型定位的具体措施。

2. 促进职业教育适应性发展

"双高计划"要求职业院校推动专业建设与产业发展相适应，培养高端产业所需要的高素质技术技能人才，提升校企合作水平，实质推进协同育人。"《行动计划》3"指出职业院校应推动信息技术与教育教学深度融合，主动适应科技革命和产业革命要求，以"信息技术+"升级传统专业，及时发展数字经济催生的新兴专业。"《意见》6"明确要求，要切实增强职业教育适应性，加快构建现代职业教育体系，做好高等职业学校适应社会需求能力评估，并将评价结果作为批复学校设置、核定招生计划、安排重大项目的重要参考。"《意见》7"提出要深化职业教育供给侧结构性改革，坚持以人为本、能力为重、质量为要、守正创新，提高职业教育的质量、适应性和吸引力，推动形成同市场需求相适应、同产业结构相匹配的现代职业教育结构和区域布局。

第二节 专业群建设的困境与挑战

自改革开放以来，职业教育为我国经济社会发展提供了有力的人才和智力支撑，现代职业教育体系框架全面建成，服务经济社会发展能力和社会吸引力不断增强。随着我国进入新的发展阶段，产业升级和经济结构调整不断加快，各行各业对技术技能人才的需求越来越迫切，职业教育重要地位和作用越来越凸显。专业群作为培养复合型技术技能人才的新型载体，是我国职业教育服务区域经济的重要形式，也是适应产业布局和技术变革的重要实践探索。随着"双高计划"的逐步推进，高职院校普遍将专业群建设作为提高人才培养质量、提升内涵建设水平、增强职业教育适应性的重要抓手。

然而，与发达国家的职业教育相比，与建设现代化经济体系、建设教育强国的要求相比，我国职业教育还存在着体系建设不够完善、职业技能实训基地建设有待加强、制度标准不够健全、企业参与办学的动力不足、有利于技术技能人才成长的配套政策尚待完善、办学和人才培养质量水平参差不齐等问题。专业群建设在这样的大背景下也面临诸多亟待解决的现实问题。

一、专业群建设各自为政，欠缺统筹协调和跨界协同育人机制

专业群应基于区域产业集群化发展趋势培养复合型高素质技术技能人才，这是专业群立项时应重点关注的因素。从高职院校的角度看，对本区域重点产业、特色产业和优势产业进行充分调研分析，是职业教育专业群建设服务区域经济的出发点。当地区产业结构出现变化时，专业群专业结构也应相应地进行调整。现实的情况是，高职院校在申报专业群时必须立足院校目前的整体办学水平和专业发展基础，并在申报书中如实呈现。如果申请的专业群覆盖院校的重点专业和优势专业，专业群获批的可能性相对较大。反之，如果申请的专业群涉及区域产业变革的新兴产业，而目前的发展基础不能支持专业群未来在该领域的攻坚克难，那么专业群获批的可能性自然相对较小。这种"功利性"或"短视"的标准会对区域经济发展转型带来阻碍。

专业群建设各自为政的现象突出表现在以下两个方面。

第一，专业群的分布往往集中于某几个大类的专业，导致这些专业群培养的人才数量相对较多，而其他未获立项的专业群对应的工作岗位可能无法获得充足的专业人才，这在一定程度上造成了职业教育专业人才培养的供需矛盾。产业发展是一个动态的过程，今天不受重视的冷门行业可能在明天成为热门领域。专业群分布过于集中的现象还使得专业群无法为产业的转型升级提供必要的前期技术积累，后续可能导致区域经济转型升级放缓、专业群社会服务错位及人力资源供需难以契合等困境。从长期来看，专业群较难适应产业布局的状况愈发严重，无助于增强专业群的适应性。

第二，目前专业群的申报基本以学校为单位，专业群共建在实践上很难突破学校壁垒进行，专业群共建机制尚未建立。究其原因，主要是缺乏链接产业经济和职业教育的中间部门为职业教育高水平专业群立项进行统筹布局。一方

面，学校间的资源共享通道尚未打通，资源整合局限于校内，资源整合广度不够。另一方面，专业群立项数量有限，专业群申报对学校而言本身具有排他性和竞争性。推进专业群建设的目标是适应产业集群化发展趋势，培养复合型高素质技术技能人才。教育资源整合作为专业群人才培养的基础，也是实现专业群人才培养目标的关键。从专业群的长远可持续发展来说，区域内外无法共建专业群将会成为制约专业群发展的重要因素。

各自为政的专业群建设方式严重制约了专业群的适应性发展。归根结底，要使专业群具有适应性，就必须使学生的职业技能符合工作岗位的核心胜任力要求。而实现这一点的关键就是建立一套跨界融合的协同育人机制。企业最熟悉岗位技能变化和岗位技能的养成规律，对岗位中的基本技能目标、素养目标和能力目标最为清楚。但是在现阶段，高职院校仍是职业教育的主体，行业协会和企业参与职业教育的动力和深度仍然不足，联合政府、学校、行业、企业等多元主体的专业群建设框架短时间内无法建立，共建专业群的跨界资源壁垒和学校边界壁垒也会持续制约专业群的协调发展。

二、虽以就业为导向，但忽略人的全面发展和职业生涯规划

在前述的多个文件中，"以就业为导向"被反复提及。诚然，高职教育以培养高素质复合型技术技能人才为己任，承担着为行业企业输送技能人才的重大责任，这是高职教育职业属性的必然要求。保就业是关系社会稳定和经济发展的政治任务。高职院校在人才培养过程中，自然会把就业率放在首位，并据此确定人才培养目标、制订人才培养方案、实施人才培养计划。然而，随着企业边界被不断推进的产业技术变革打破，岗位链的多维特征愈发明显，企业对"一专多能"复合型技术人才的需求也日益迫切。如果一味强调就业率而忽视学生的全面发展及职业生涯规划，从长远看，高职院校人才培养规格和质量与企业真实需求脱节的现象只会越来越严重，进一步加剧技术技能人才的供需矛盾，增强职业教育的适应性也就无从谈起。

教育的本质是促进人的全面发展，这要求教育工作者努力促成学生的个性化及差异化发展，职业教育也不例外。就高职学生而言，如果他们只是以"技术人"或"工具人"的身份步入职场，显然就不能体现全面发展的人才培养目标。在平衡职业与就业的关系上，学生的职业生涯能力尤为重要。职业生涯能

力贯穿于人的整个职业生涯，包括专业能力、学习能力及软技术。专业能力是指灵活运用已掌握的专业知识和专业技能解决工作中的实际问题、完成工作任务的能力，这是职业生涯能力的基础，也是目前高职院校的主要培养目标。学习能力是指利用现有技术条件获取新知识、更新自身知识结构、丰富知识储备的能力，这是职业生涯能力的内在动力，体现的是人适应社会发展的能力，也是职业教育适应性发展的重要标志。软技术是指人在工作中表现出的沟通能力、倾听能力、说服能力、自我激励能力、影响力等，这是职业生涯能力的保障，决定人在职业生涯中能走多远、产生多大影响。

三、产教融合深度不足，校企合作"两张皮"问题尚待解决

坚持走产教融合发展道路是职业教育的重要特征，也是职业教育职业性的内在要求。高水平专业群从组建到建设都应该提升行业参与度，以保证专业群的建设成果与地区产业链发展相契合，专业群人才培养规格和质量与行业企业实际需求相契合。长期以来，职业院校培养人才的重要方式就是校企合作。在以往的校企合作中，职业院校都是主动的一方。职业院校热情高、诚意足，但往往得不到企业的同等重视和配合。少了企业一方的积极参与，职业院校的人才培养难免事倍功半。产教融合工作机制不完善，企业深度参与职业教育的动力不足，职业教育也欠缺吸引力，导致高职院校人才培养与产业需求不匹配，专业群建设与产业发展脱节。总体来看，产教融合、校企合作"两张皮"问题并未得到根本解决。

体制机制不健全是阻碍产教融合深度发展的最大障碍。在目前的政策环境下，企业参与人才培养面临投入和产出不成正比的风险。企业作为人才的消费方，是学校人才培养的直接受益者。但企业被动地接受学校的人才输出也在一定程度上阻碍了校企合作的推进。当前普遍存在的学校人才培养规格与企业需求脱节的现象要求企业必须主动地参与学校人才培养的全过程。"全过程"意味着学生从入学到毕业的整个过程都应有企业的参与。以现代学徒制为例，《教育部关于开展现代学徒制试点工作的意见》（教职成〔2014〕9号）中明确指出，要推动试点院校根据合作企业需求，与合作企业共同研制招生与招工方案，开展"招生即招工、入校即入厂、校企联合培养"的现代学徒制试点。职业院校与合作企业应该根据人才培养的特点和规律及企业工作岗位的实际需

要，共同研制人才培养方案、开发课程和教材、设计实施教学、组织考核评价、开展教学研究等。这对于满足企业对高素质技术技能人才的需求有非常重要的现实意义。

  现实中，由于我国特殊的国情，行业协会并没有真正引领校企合作的发展。从内部看，有些行业协会组织管理混乱，制度建设滞后，在本行业内缺少独立性和权威性，话语权较低，难以代表行业统一对外协调发声；从外部看，行业协会的法律地位不明确，法定权力缺失导致执行力不足。这些都严重削弱了行业协会的指导职能。基于此，一方面，行业协会要加强内部制度建设，完善治理体系，提升管理水平；另一方面，政府应减少不必要的行政干预，赋予行业协会明确的法律地位和法定权力。

第三章 专业群组建

第一节 "双高计划"申报

"双高计划"是指中国共产党中共委员会和中华人民共和国国务院为建设一批引领改革、支撑发展、中国特色、世界水平的高等职业学校和骨干专业（群）而推进的重大决策建设工程，亦是推进中国教育现代化的重要决策，被称为"高职双一流"。2019年4月，教育部、财政部联合印发《关于实施中国特色高水平高职学校和专业建设计划的意见》，提出要集中力量建设50所左右高水平高职学校和150个左右高水平专业群，打造技术技能人才培养高地和技术技能创新服务平台，支撑国家重点产业、区域支柱产业发展，引领新时代职业教育实现高质量发展。"双高计划"的提出意味着高职院校和专业群发展进入新的阶段。同年9月，高水平高职院校和专业群首轮申报工作正式启动，首轮立项建设50所左右高水平高职学校和150个左右高水平专业群，重点布局现代农业、先进制造业、现代服务业、战略性新兴产业等技术技能人才紧缺领域。

"双高计划"遴选坚持质量为先、改革导向、扶优扶强，面向独立设置的专科高职学校（包括社会力量举办的专科高职学校），分高水平学校和高水平专业群两类布局。在高职学校年生均财政拨款水平达到国家统一要求且逐年增长的前提下，对职业教育发展环境好、重点工作推进有力、改革成效明显、

"双高计划"政策资金保障力度大的省份予以倾斜支持。

一、高水平高职院校申报条件

高水平高职院校申报须具备以下基本条件：

（1）学校办学条件高于专科高职学校设置标准，数字校园基础设施水平高于《职业院校数字校园建设规范》标准。

（2）学校人才培养和治理水平高，学校在产教融合、校企合作方面成效显著，对区域发展贡献度高，已取得以下工作成效：被确定为《高等职业教育创新发展行动计划（2015—2018年)》省级及以上优质高职学校建设单位；已制定学校章程并经省级备案，设有理事会或董事会机构，成立校级学术委员会，内部质量保证体系健全；财务管理规范，内部控制制度健全；牵头组建实体化运行的职业教育集团，合作企业对学校支持投入力度大；成立应用技术协同创新中心、技能大师工作室；非学历培训人日数不低于全日制在校生数；近三年招生计划完成率不低于90%，毕业生半年后就业率不低于95%；配合"走出去"企业开展员工教育培训、有教育部备案的中外合作办学项目或招收学历教育留学生。

（3）学校坚持职业教育办学定位和方向，干事创业的积极性、主动性、创造性高，教育教学改革、校企合作和专业建设基础好，人才培养质量和师资队伍水平高，学生就业水平高，社会支持度高。

（4）学校在以下9项标志性成果中有不少于5项：

① 近两届获得过国家级教学成果奖励（第一完成单位）；

② 主持国家级职业教育专业教学资源库立项项目且应用效果好；

③ 承担国家级教育教学改革试点（仅包括现代学徒制试点、"三全育人"综合改革试点、教学工作诊断与改进工作试点、定向培养士官试点）且成效明显；

④ 有国家级重点专业（仅包括国家示范、骨干高职学校支持的重点专业）；

⑤ 近五年学校就业工作被评为全国就业创业典型（仅包括全国毕业生就业典型经验高校、创新创业典型经验高校、创新创业教育改革示范高校）；

⑥ 近五年学生在国家级及以上竞赛（仅包括世界技能大赛、全国职业院

校技能大赛、中国"互联网+"大学生创新创业大赛、"挑战杯"全国大学生课外学术科技作品竞赛和中国大学生创业计划竞赛）中获得过奖励；

⑦ 教师获得过国家级奖励（仅包括"万人计划"教学名师、全国高校黄大年式团队、全国职业院校教学能力比赛获奖）；

⑧ 建立校级竞赛制度，近五年承办过全国职业院校技能大赛；

⑨ 建立校级质量年报制度，近五年连续发布《高等职业院校质量年度报告》且未有负面行为被通报。

在满足以上条件的基础上，学校近五年在招生、财务、实习、学生管理等方面未出现过重大违纪违规行为。学校未列入本省升本规划。

二、高水平专业群申报条件

高水平专业群申报须具备以下基本条件：

（1）专业群定位准确，对接国家和区域主导产业、支柱产业和战略性新兴产业重点领域。专业群组建逻辑清晰，群内专业教学资源共享度、就业相关度较高，形成优势互补、协同发展的建设机制。专业特色鲜明，行业优势明显，有较强社会影响力。

（2）专业群有高水平专业带头人和教学创新团队，校外兼职教师素质优良。实践教学基地设施先进、管理规范，基地建设与实践教学项目设计相适应、相配套。校企共同设计科学规范的专业群课程体系，反映行业领域的新技术、新工艺、新规范，信息技术深度融入教育教学，线上线下课程资源丰富。

（3）专业群生源质量好，保持一定办学规模。建立毕业生就业跟踪调查机制，学生就业对口率、用人单位满意度、学生就业满意度高。与行业企业深入合作开展科技研发应用，科研项目、专利数量多。

第二节　专业群组群调研

一、组群调研的意义和必要性

专业群是新时期高职院校提高人才培养质量、促进高职院校内涵建设、增强职业教育适应性的重要抓手和途径。同时，专业群也是高职院校为适应产业技术变革而采取的内部教学组织形式，涉及专业设置、人才培养目标和规格、课程体系、教学模式、校企合作等诸多内容。专业群最终能否完成预期目标，在很大程度上取决于专业群在组建之初是否确定了契合地区产业经济发展规划和行业技术发展趋势的建设目标。没有调查就没有发言权，确定专业群建设目标的前提是进行充分翔实的行业发展现状和人才市场需求调研。

行业发展和人才市场调研的必要性首先体现在高职院校作为技术技能人才的供应方，其人才培养目标和规格应以企业实际需求为导向。经济社会不断发展变化，产业结构不断优化升级，企业的实际用人需求也随之相应调整。专业群的组建受限于外部环境。高职院校只有全面了解专业群的外部环境特征，了解产业变化和技术变革对人才需求结构和培养模式的影响，确定专业当前发展水平、存在的问题及成因，尤其是人才供给侧和需求侧的实际情况，才能制定合理的专业群建设目标，并为后续的专业设置、人才培养方案制订及教学模式改革等提供依据。因此，调研是组建专业群的内在要求。

另外，教育部等相关部门也对人才市场调查分析提出了明确的要求。例如，2019年6月，教育部在《关于职业院校专业人才培养方案制订与实施工作的指导意见》（教职成〔2019〕13号）中指出，在人才培养方案制订的各个环节，高职院校应充分调研、分析，与行业企业专家等共同制订完善方案。在规划与设计阶段，学校应当成立由行业企业、教科研人员、一线教师和学生（毕业生）代表组成的专业建设委员会，共同做好专业人才培养方案制（修）订工作；在调研与分析阶段，各专业建设委员会要做好行业企业调研、毕业生跟踪调研、在校生学情调研，分析产业发展趋势和行业企业人才需求，明确本专业面向的职业岗位（群）所需要的知识、能力、素质，形成专业人才培养调研报告；在起草与审定阶段，学校应当结合实际落实专业教学标准，准确定位专业人才培养目标与培养规格，合理构建课程体系、安排教学进程，明确教学内容、教学方法、教学资源、教学条件保障等要求。学校应组织由行业企业、教研机构、校内外一线教师和学生代表等参加的论证会，对专业人才培养方案进行论证后，提交校级党组织会议审定。最后，学校还应当建立健全专业人才培养方案实施情况的评价、反馈与改进机制，根据经济社会发展需求、技术发展趋势和教育教学改革实际，及时优化调整。

二、组群调研方法

从调研的形式和手段来看,专业群组群调研可通过文献研究、实地调查和分析研究的方式进行。

文献研究法是根据一定的研究目的或课题,通过搜集、鉴别、整理文献来获得资料,从而全面准确地了解和掌握所要研究问题的一种方法。文献研究法被广泛用于各种科学研究中。利用文献研究法,研究人员能够获得研究问题的发展历史和现状,从而确定研究目的和内容。具体到专业群组群调研来说,研究人员可通过参考阅读"职教20条""《行动计划》3""《意见》6"等政策文件,以及与专业群建设相关的各种资料,了解其他院校在专业群组建和建设过程中采取的具体措施、实践经验与现实问题,从而获得一定的现实依据。

实地调查法有多种形式,如问卷调查法、现场访谈法、电话视频访谈法等。例如,在专业群组群调研中,对相关企业、行政部门进行调研,明确专业群对应的产业链,充分了解产业链上下游企业的发展现状和趋势,确定专业群对应的岗位群、相应岗位的能力要求和职业素养要求,以及企业对技术技能人才培养的建议,等等。这些信息可作为设置专业群建设内容的参考依据。

分析研究法是指运用抽象思维和逻辑推理对各种文献资料及调查收集的各种实际数据进行系统整理,是对调查资料进行去粗取精、去伪存真的过程。例如,在专业群组建调研过程中,根据前期收集到的文献或调查资料,梳理分析专业群的价值取向和组群逻辑、专业群课程体系,以及相关专业课程的建设成果,然后按照专业发展需求和技术发展趋势动态调整专业群建设目标和建设内容,最终适应岗位核心技能要求,促进学习者的全面发展。

三、组群调研实施

1. 调研目标

为扎实推进高水平专业群申报及建设工作,准确定位专业群培养目标,优化专业结构,培养出更多适应经济和社会发展的高素质技术技能人才,开展专业群组群调研工作势在必行。调研目的在于了解专业对应区域内相关产业发展现状和相关行业或企业的社会需求,明确专业服务方向;分析岗位的典型工作任务和对人才知识能力素质的要求,为开发课程和确定专业培养目标提供依据；掌握相关企业岗位设置及人才需求，确定专业服务岗位（群）；了解专业群学生就业现状和毕业后跟踪反映出的教学方面问题，把握毕业生适应和胜任岗位工作情况，听取企业对人才培养的意见建议，等等，为后续确定专业群建设目标和内容、推进教学内容和教学方法改革、提高人才培养质量等工作提供全面客观的依据。

2. 调研对象

（1）企业：调研本专业群相关行业企业，应兼顾不同地域、不同规模、技术密集型和劳动密集型，重点调查具有代表性的大、中、小型企业及科技创新型企业，可将部分行业组织纳入调研范围。

（2）高职院校：调研江苏省内开设新一代信息技术相关专业的高校，重点以苏州地区高职院校为主，如苏州市职业大学、苏州信息职业技术学院、苏州工业职业技术学院等。

（3）专家：邀请计算机专业领域相关专家开办专业群建设研讨会，对行业领域发展现状和趋势进行研讨，对专业群建设目标和内容进行论证。

（4）毕业生：联系专业群相关专业近三年的毕业生，以问卷调查、访谈等形式掌握专业群所开设课程与企业需求的适应程度，在此基础上进一步调整专业群人才培养方案。

3. 调研内容

（1）行业调查。

① 相关行业国内、国外发展总体现状与趋势等。

② 经济转型升级、产业结构调整等对行业有关技术技能领域提出的新要求。

③ 有关领域职业岗位设置情况及行业人才结构现状。

④ 行业技术技能人才供求状况及需求预测，特别是高职教育的供求状况。

⑤ 专业教学标准与行业标准对接的联动机制。

（2）企业调研。

① 企业生产实际中，技术型岗位群对应的技术条件变化情况（工艺、设备、材料等）及劳动组织变化情况；管理型岗位群对应的管理方式变化情况（管理对象、管理内容、管理流程等）；服务型岗位群对应的工作方式变化情况（商业业态、服务内容、服务方式等）。重点研究岗位群对职业能力的需求变

化，列出专业能力和非专业能力各不少于 10 项，以及技术技能人才培养目标的变化要求。

② 企业生产实际中采用国际通行或行业普遍认可的相关标准（如产品质量标准、生产流程标准等）情况。

③ 行业企业对毕业生知识、能力、素质等方面的评价情况，对技术技能人才培养的意见建议。

④ 对有关专业课程设置、教学过程与效果的意见与建议。

（3）毕业生调研。

① 整体就业现状，如工作岗位与专业是否对口、发展前景、离职意向、收入情况等。

② 对本专业教学效果的评价，对本专业人才培养工作如课程设置、教学实施、职业技能训练等的意见与建议。

（4）在校生调研。

① 对学校就业指导和职业生涯规划的评价，如学校是否有效开展相关教学活动，指导学生规划职业生涯，树立正确的职业观。

② 对本专业课程设置的评价，如课程体系分层结构是否明确、课程内容是否与岗位工作内容对接等。

③ 对教师授课方法的评价，如教师是否考虑学生个人差异、是否有效利用信息化手段、教学设计是否合理等。

（5）有关研究评价机构等调研。

① 先进国家相关专业课程体系建设、教学内容更新、教学基本文件研制等方面工作情况。

② 有关专业进行国际认证的情况，专业认证对专业建设各方面的要求，对提高人才培养质量的促进作用，等等。

4. 调研问题

根据事先确定的调研内容，本研究将调研问题分为行业企业发展、专业设置、培养目标及规格、课程体系、教学设计 5 个主题。针对每个主题，分别设计若干相关的问题。

（1）行业企业发展。

这一主题主要关注行业的重大技术变革和发展趋势、行业的人才结构等。

典型的问题如下：

① 所在行业企业总体现状如何？未来有哪些发展趋势？这些变化和趋势给从业者带来哪些新的要求？

② 所在行业企业有哪些典型的工作岗位？各个岗位有哪些典型的工作任务？每项工作任务有哪些知识、能力和素质要求？

③ 所在行业有哪些认可度较高的职业资格证书？所在企业是否有独立的人才培训体系？

④ 高职学生在所在行业企业的人才队伍中占比如何？其知识、能力和素质是否满足行业企业要求？

⑤ 所在行业企业未来的用人规划会向什么方向转移？是否考虑增加或减少高职人才的录用？

⑥ 在数字经济快速发展的时代，所在行业企业对高职学生的数字素养、创新能力有何要求？

（2）专业设置。

专业设置主题主要关注高职专业设置层次、规模及高职专业设置与行业企业的对接。典型的问题如下：

① 所在院校专业设置是否符合相关专业设置管理办法的要求？其专业设置宗旨和导向是否符合相关管理办法的规定？

② 所在院校专业设置是否能够主动适应经济社会发展，特别是技术进步和生产方式变革及社会公共服务的需要？

③ 所在院校专业设置是否遵循职业教育规律和技术技能人才成长规律，适应各地、各行业对技术技能人才培养的需要，适应学生全面可持续发展的需要？

④ 所在院校是否有明确的专业建设规划，是否存在盲目设置和重复建设的情况？

⑤ 所在院校是否根据地区经济发展需求和产业技术变革灵活调整专业设置？

（3）培养目标及规格。

这一主题主要关注学生知识、能力和素质目标的内涵和具体内容，以及企业的具体培养规格要求。典型的问题如下：

① 所在行业企业对高职院校人才的知识、能力和素质有怎样的期望？

② 所在行业企业对高职院校复合型人才的具体要求有哪些？

③ 所在行业企业对高职院校人才解决实际问题的能力有什么期望？

④ 所在行业企业对高职院校人才的创新能力有什么期望？

⑤ 所在院校专业设置有哪些职业面向？专业人才培养目标与职业面向相关性如何？

⑥ 所在专业如何评价学生培养目标的达成度？是否追踪学生毕业后的长期发展，还是只关注学生在校期间的学业目标？

⑦ 所在专业如何实施"增值评价"？如何根据学生特点实施差异化评价？

（4）课程体系。

课程体系主题主要关注专业课程设置的层次结构、课程改革等内容。典型的问题如下：

① 所在专业课程体系是否体现模块化的设计理念？

② 所在专业课程设置是否兼顾不同学生的学习需求？是否开设足够数量的选修课？

③ 所在专业课程设置是否引入行业企业的新技术、新工艺和新规范，体现行业发展的新业态？

④ 所在专业课程设置是否对接最新职业标准，课程内容是否引入企业真实案例？

⑤ 所在专业是否根据行业企业发展趋势灵活调整课程内容？

⑥ 所在专业是否邀请行业企业专家共同开发"双元"课程或教材？

（5）教学设计。

这一主题主要关注教学实施过程和实施效果。典型的问题如下：

① 教学实施过程是否有明确的整体设计？是否体现以学生为本的设计理念？

② 教学实施前是否进行充分有效的学情分析？是否利用学情分析数据改进、调整教学方法？是否根据学情分析结果制定合理的教学目标？

③ 教学实施评价体系是否涵盖整个学习过程？是否考虑学生个体差异？

④ 教学实施是否合理利用各种信息化手段辅助教学？

⑤ 教学实施是否邀请行业企业专家或一线工程师参与教学？

⑥ 教学实施还有哪些不足之处？需要进行哪些改进？

第三节 专业群的关系逻辑

一、专业群组群原则

1. 优势专业联合发展

在组建专业群时，如果有多个优势专业或重点专业，可以将这些专业强强联合，通过整合现有教学资源，共享优势课程和优秀师资力量，进行联合人才培养，实现优势互补、相互促进，增强专业群竞争力，最终实现"1+1>2"的建设效果。

2. 优势专业带动弱势专业

专业发展水平参差不齐。提高专业群的整体建设水平要求群内各专业齐头并进、同向而行。为实现这一目标，群内优势专业需要依托资源优势带动弱势专业不断提升专业发展水平。优势专业应发挥示范辐射效应，在课程建设、师资培养、科学研究等方面，与弱势专业充分合作，扩大专业群优质资源的普惠范围，推动专业群各专业均衡发展。

3. 弱势专业补足优势专业

弱势专业虽然整体发展水平不如优势专业，但是在某些方面也形成了自己的发展特色，可以充分发挥这些特色，将其与优势专业的发展相结合，促进优势专业其他方面的协同发展，形成以弱补强的良性互动局面。

二、专业群与产业群

基于产业链和岗位群组建专业群是一种常见的组群逻辑。将这一逻辑扩展开来，其内在要求和目标是实现专业群与产业群的协同发展。专业群人才培养的出发点是对接区域主导产业、新兴产业，适应产业技术变革下多维变化的岗位链，而落脚点是为行业企业提供能够匹配工作岗位的素质与核心技能要求的复合型人才。从这一逻辑出发，专业群从组建到建设，应立足产业群的不同生命周期和发展阶段，根据产业群内各行业企业对技术技能人才的能力素质要求，制定人才培养目标，调整专业设置，与产业群形成良性互动与发展。

（一）专业群为产业群发展提供必需的人力资源，助推产业群创新发展

专业群作为高职院校开展教育教学活动的组织形式，其核心任务是为经济社会发展输送高质量的技术技能人才。在产业革命和技术变革快速演进的今天，新技术、新工艺、新规范不断应用于现代产业，而高素质技术技能人才是应用和推广新技术、新工艺和新规范的关键。

近年来，伴随着人工智能、大数据、云计算、物联网、新一代信息技术等革命性技术的出现，数字经济在全世界范围内迅速发展，正成为重组全球要素资源、重塑全球经济结构、改变全球竞争格局的关键力量，其发展速度之快、辐射范围之广、程度之深前所未有。数字经济以数字化的知识和信息作为关键生产要素，以数字技术为核心驱动力量，以现代信息网络为重要载体，通过数字技术与实体经济深度融合，不断提高经济社会的数字化、网络化、智能化水平，加速重构经济发展与治理模式。在经济发展的数字化进程中，产业融合不断深入，职业分化愈发明显，专业边际逐渐模糊。高职院校通过专业群建设，整合优化专业资源，适应产业集群发展态势，为填补数字经济环境下数字技术人才和应用创新人才的需求缺口贡献高职力量。

（二）产业群引导专业群建设规划，支持专业群高质量发展

专业群基于产业结构、产业布局和产业链特点构建自身建设目标和建设内容。群内各专业服务于产业群内各产业，专业群的建设方向也应积极适应产业结构的调整和产业的转型升级。专业群人才培养所需的物质支持也可从产业群中获得，包括师资、设备、技术、教学内容、项目案例及校外实习实训基地等。产业群内各行业企业应该深度参与高职院校育人过程，通过师资交流、共建课程等多种形式为学生提供高质量的学习环境和资源，让学生有机会接触最新的行业技术和规范，明确职业发展方向，助力高素质技术技能人才顺利进入职场。

第四节 专业群组建案例

下面以苏州工业园区服务外包职业学院计算机网络技术专业群为例,详细介绍该专业群的组建过程。

一、专业群结构

(一)专业群服务面向工业互联网

计算机网络技术专业群包括计算机网络技术、软件技术、计算机信息管理、嵌入式技术与应用、电信服务与管理五个专业。本专业群聚焦苏州乃至长三角地区工业互联网产业,培养符合区域产业发展需求的跨界融合的复合型技术技能型人才。

1. 专业群产业发展现状

随着互联网与制造业的融合不断深入,工业互联网产业正蓬勃兴起。智能化生产、个性化定制、网络化协同、服务型制造等一批新模式、新业态不断涌现,为新旧动能接续转换注入了强劲动力。在这场工业革命的浪潮中,信息与通信技术(Information and Communication Technology,ICT)企业作为工业互联网平台通用智能技术的开拓者,正着力破解我国工业制造业痛点,从而打造符合客户要求的平台产品。

当前,我国工业互联网平台尚处于发展阶段。从国家和政府层面,2019年全国两会上,"工业互联网"被写入《2019年国务院政府工作报告》。报告提出,围绕推动制造业高质量发展,强化工业基础和技术创新能力,促进先进制造业和现代服务业融合发展,加快建设制造强国。打造工业互联网平台,拓展"智能+",为制造业转型升级赋能。2019年,国务院印发《长江三角洲区域一体化发展规划纲要》。随着中国特色社会主义进入新时代,我国经济转向高质量发展阶段,对长三角一体化发展提出了更高要求。"一带一路"倡议建设和长江经济带发展战略深入实施,为长三角一体化发展注入了新动力。党中央、国务院做出将长三角一体化发展上升为国家战略的重大决策,为长三角一体化发展带来新机遇。

2. 专业群发展机遇与挑战

业界普遍认同，工业互联网是工业制造系统智能化升级的必然发展形态。在架构上，工业互联网主要由网络、数据（平台）、安全三大要素组成。其中，平台承载着工业知识与微服务，向上支撑工业 App 开发部署，向下接入海量设备，是工业全要素连接和工业资源配置的枢纽，更是支撑制造资源泛在连接、弹性供给、高效配置的载体。可以预见，在未来的智能制造体系中，工业互联网作为新一代信息技术与制造业深度融合的产物，将成为推动工业质量变革、效率变革、动力变革的关键抓手。工业互联网平台加速生态建设，必将催生大量应用创新，进一步促进资源聚集和开放共享。

本专业群紧贴工业互联网产业三大要素，努力推动专业与产业紧密对接，并通过专业之间的协同共享，为工业互联网产业提供优秀的复合型技术技能型人才。

（二）组群逻辑

1. 专业群与产业链的对应关系

本专业群对接工业互联网产业链，包括下一代网络通信技术、平台与数据、智慧互联及工业 App、企业信息化（企业上云）等关键技术。下一代网络通信技术解决企业网络部署和优化、"5G+"多场景应用和多网融合技术问题；平台与数据解决行业数据汇聚、建模分析决策和工业智能应用开发问题；企业信息化即工业应用软件用于解决特定的业务需求，协助企业借助互联网与云计算技术连接社会化资源。它们相互关联、互为支撑。专业群中，计算机网络技术专业关注行业企业的融合通信组网和部署、优化与运维，培养网络组网、运维、云计算部署、IT 服务工程师；电信服务与管理专业关注 5G 移动组网、网络部署与优化，培养移动网络部署、运维工程师；软件技术专业关注平台开发、数据呈现和工业 App 应用开发，培养软件开发、移动应用开发、跨平台应用开发、Web 全栈开发等工程师；嵌入式技术与应用专业解决企业的传感器数据采集、物联网相关技术，培养物联网、嵌入式相关工程师；计算机信息管理专业关注企业信息系统的完善、数据挖掘、清洗和分析，培养企业信息管理、数据挖掘、数据分析等工程师。计算机网络专业群为工业互联网体系提供人才和技术支撑，工业互联网的创新发展又促进专业群内各专业的共融互通，推动专业群高水平发展。

2. 专业群人才培养定位

工业互联网是国务院确定的七个战略性新兴产业之一。专业群聚焦苏州乃至长三角地区工业互联网产业，瞄准ICT、工业互联网平台体系产业等相关领域，依托苏州工业园区优质的产业环境，整合华为、南京嘉环、新华三、锐捷网络、思科和甲骨文等国内外顶级企业资源，以立德树人为根本任务，培养具有扎实专业基础知识，具备网络部署和优化、数据上云、数据分析与应用、智慧互联、工业App开发等工作技能，拥有较高的职业素养、合作创新意识和国际视野，满足工业互联网产业职业技能要求的"跨界融合、德技双修"的复合型技术技能人才。

3. 专业群内各专业逻辑关系

专业群面向工业互联网体系，对接工业智能化、智慧互联、企业转型升级实际需求，以软件定义、数据驱动、智能主导、融合发展为目标，融合计算机网络技术、电信服务与管理、软件技术、嵌入式技术与应用和计算机信息管理五个专业。各专业技术领域相近、核心技术自强、共性技术互补，实现协同发展。专业群以计算机网络技术专业为核心，为工业互联网提供高效可靠的数据通道，其他专业在此基础上实现各类信息数据的采集、传输、储存和可视化等功能。专业群学生可共修计算机应用、路由与交换、数据库管理与应用、程序设计基础等公共专业基础课程，选修群内相关专业模块化课程，共享校企融合的师资、各级教学资源库、实训平台等教学资源。专业群建设发挥专业集聚优势，实施集网络集成、软件定义、数据处理、移动应用App开发等多种技术技能于一体的模块化教学，以项目为载体强化学生的实践能力，更有效地培养满足工业互联网平台所需的复合型技术技能人才，提升服务工业互联网产业的能力。专业群内各个专业的课程实现底层共享、中层独立、顶层互选，如图3-1所示。

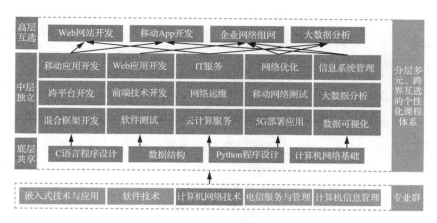

图 3-1 专业群课程关系

（三）专业群建设思路和目标

1. 专业群建设思路

随着互联网+、人工智能、云计算、大数据等先进技术不断更新，新兴产业层出不穷，工业互联网产业以其智能化、网络化、数字化等特点，成为推动产业发展升级改造的核心力量。2019年，"工业互联网"被写入《2019年国务院政府工作报告》，长三角一体化发展上升为国家战略。2020年3月20日，工业和信息化部印发《关于推动工业互联网加快发展的通知》。通知要求应依托工业互联网，推进长三角一体化发展，创新产教融合协同育人模式，以"1+X"证书制度、"跨界融合"课程体系、线上线下混合式金课教学模式改革为手段，创新人才培养模式，加强课程体系、教学资源、教学改革、师资团队、产教融合、社会服务、国际影响等方面的建设，全面提升工业互联网产业发展背景下跨界融合的复合型技术技能人才的培养质量。

2. 专业群建设总体目标

通过3—5年的建设，全面增强本专业群的综合实力，建成一个省内示范、国内知名的高水平专业群，实现高水平专业群总体目标：一套跨界融合的"333"信息与通信技术人才培养模式，一个"分层多元、跨界互选"的个性化课程体系，一套省级示范的在线开放课程资源库和教学改革模式，一支具有国际化视野的高水平创新型师资团队，一个产教融合的实践教学平台，一个对接产业需求的技术服务平台，一套完善的管理和运行机制。

3. 专业群建设具体目标

（1）在学院"跨界融合"人才培养理念的基础上，根据专业群发展的特点和工业互联网产业人才标准，构建"333"信息与通信技术人才培养模式。立足学校"2+3"课程体系和"跨界融合型人才培养"弹性学分制选课模式，以"1+X"证书制度为抓手，以"分层多元、跨界互选"的个性化课程体系为依托，融合创新创业教育，实现人才培养新的突破。

（2）依托政府、学校、行业、企行丰富和全面的职业标准资源，完善专业群课程资源建设标准。根据不同课程的特点和育人要求，在公共基础课、专业课、实践类课程中实现课程思政的建设目标。为体现优质课程资源对接职业标准，实现课程资源的案例化、项目化，强化课程内容的任务驱动、项目导向，并配合线上线下混合式教学，将课程资源数字化、平台化。建成在线开放课程8门、培训课程4门、双语课程6门。

（3）坚持以立德树人为根本任务，践行全员育人、全程育人、全方位育人的"三全育人"理念。围绕"互联网+教育"教学改革趋势，利用在线开放课程教学平台，形成一套科学有效的线上线下混合式教学改革模式，以学生为中心，以课程资源为载体，强化教师在教学过程中的引导作用，培养学生自主学习、自我管理、自我探索等综合素养，打造师生共同发展的命运共同体。推进校企"双元"合作，开发基于互联网的新型活页式、工作手册式等立体多元化优质教材，开发新形态一体化教材5部，争取建成国家规划教材1部，更新教材内容及配套资源，建立教材动态修订机制。

（4）全面贯彻党的教育方针，坚持"四个相统一"，推动"三全育人"。在专业群建设期内，定期开展师德师风建设与考评工作，把教师团队立德树人建设放在所有建设工作的首要位置，打造一支德技双修的师资团队。争取引进或培养博士2人，柔性引进企业技术技能大师2人，组织信息化教学能力培训和测试，在省级职业院校技能大赛教学能力比赛中获奖5项，50%专任教师获取高水平职业技能证书，发表核心及以上论文20篇。国内外教师交流互访5人次，学术交流10人次，30%教师具备双语教学能力。

（5）建成示范综合实训基地。深化"项目载体、能力递进"实践教学体系，建设弹性、开放、共享、智能的实践教学基础设施，支持"通用能力、专项能力、集成能力、岗位能力"递进式能力培养，建成云计算部署与运维、数据采集与清洗、数据分析与挖掘、数据呈现与应用四个场景化综合项目实训模块，校企合作共建校外实习基地、开发项目训练案例库，建成工业互联网平台国家级产教融合实训基地。

（6）打造产教融合技术服务高地。建成工业大数据技术研发平台，打造以行业领军人才、技术技能大师、骨干教师为核心的高等学校科技创新团队；开发工业互联网领域可推广应用解决方案，建成满足工业互联网产业人才需求的人才培养高地；升级双师培训基地，建成职业技能培训认证中心，立项省级以上课题2项，专利或软件著作权50项，社会服务到账50万元/年，实现社会培训1 000人次。

（7）建立持续发展保障机制。完善专业群与产业发展同步调整机制；完善专业群建设和运行的管理机制，强化协同，优化流程；完善专业群人才质量评价标准体系，依托诊改平台定期跟踪反馈，保障人才培养质量螺旋上升；提高专业群国际影响力；向"一带一路"国家输出专业群教学标准和教学资源，培养服务"一带一路"国际化技术技能人才；招收"一带一路"国家留学生100人；深化国际人才培养、合作与交流，年选派1~2名教师赴境外研修3个月以上，每年至少选派10名学生赴境外交流学习。

二、专业群建设基础

（一）专业群概况

计算机网络技术专业群包括计算机网络技术、软件技术、计算机信息管理、嵌入式技术与应用、电信服务与管理五个专业。计算机网络技术专业创建于2010年，是苏州工业园区服务外包职业学院最早设立的专业之一，历经江苏省"十二五"重点专业群核心专业、省级示范性高职院校重点建设专业、国家及江苏省高水平骨干专业、苏州市高职院校品牌专业建设，已经成为省内外众多高职院校交流学习和借鉴的对象，专业实力位居省内前列。近五年，随着移动互联网、大数据技术等新兴产业的迅速发展，本专业群早在2014年就在计算机网络技术中开设了云计算技术与应用方向；2011年在软件技术专业中开设了移动应用开发方向，并于2010年开设了嵌入式技术与应用专业；2012年开设了移动通信运营与服务（2016年专业目录调整更名为电信服务与管理）；2016年将计算机信息管理专业调整为企业信息化、大数据技术与应用培养方向。紧跟先进技术与新兴产业发展方向，是高职院校人才培养的动力所在。本专业群及时跟进云计算、移动互联网、大数据、移动通信等先进技术、新兴产业，开设与时俱进的专业方向和课程，为专业群的建设提供了有力保障。

截至2020年7月，专业群累计培养学生4 300多名，在校生约1 400名。每年招生规模为400余人，第一专业录取率超98%。近五年，本专业群学生荣获全国高职院校技能大赛"计算机网络技术应用""软件测试""大数据技术与应用"等赛项全国一等奖3项，"信息安全与评估""移动互联网应用软件开发"等赛项全国二等奖3项、三等奖4项，江苏省职业院校技能大赛一等奖6项、二等奖4项、三等奖10余项。本专业群人才培养服务地区产业发展。每年学生就业率保持在98%以上，多达70%的学生留在苏州就业。毕业生平均薪资达到4 800元/月，远高于2018年就业蓝皮书发布的全国高职院校毕业生平均起薪（3 860元/月）。

本专业群获国家教学成果二等奖1项（跨界融合型服务外包人才培养体系创新与实践）、江苏省教学成果二等奖2项（2017年职业发展视角下高职"分段—贯通"课程体系理念与实践、2013年"为产业办教育"对接苏州工业园区服务培养服务外包人才的探索与实践）。现有江苏省青蓝工程优秀教学团队1个、江苏省高职院校教育教学创新团队1个、央财支持实训基地1个、江苏省产教融合集成平台1个、江苏省青蓝工程学术带头人1名、青年骨干教师4名、苏州市优秀教育工作者1名、苏州市五一劳动奖章获得者1名；建成江苏省在线开放课程3门、参与国家教学资源库1个；主编"十三五"职业教育国家规划教材1本、江苏省重点教材1本；荣获江苏省高职院校信息化教学大赛一等奖1项、二等奖3项。

（二）专业群状态数据

1. 专业群基本情况（表3-1）

表3-1 专业群基本情况

专业群名称	计算机网络技术			主要面向产业	工业互联网
面向职业岗位（群）	网络工程师、云计算工程师、软件开发工程师、物联网工程师、数据处理工程师等				
专业群包含专业	序号	专业代码	专业名称	所在院（系）	所属专业大类
	1	610202	计算机网络技术	信息工程学院	电子信息
	2	610205	软件技术	信息工程学院	电子信息
	3	610208	嵌入式技术与应用	信息工程学院	电子信息
	4	610305	电信服务与管理	信息工程学院	电子信息
	5	610203	计算机信息管理	信息工程学院	电子信息

（注：表3-1中的"专业代码"为旧版，现已更新）

2. 专业群内专业基本情况

(1) 计算机网络技术专业基本情况见表3-2。

表3-2 计算机网络技术专业基本情况

专业代码	610202	专业名称	计算机网络技术
所在院(系)	信息工程学院	所属专业大类	电子信息大类
全日制高职在校生数/人	342	一年级在校生数/人	132
二年级在校生数/人	95	三年级在校生数/人	115
2020级招生计划数/人	140	2020级实际录取数/人	139
2020级新生报到数/人	132	2020级新生报到比例/%	95
2020级本省生源学生报到数/人	68	2020级本省生源学生报到比例/%	97.1
2020届毕业生数/人	89	2020届毕业生初次就业率/%	98.9
2020届毕业生本省市就业比例/%	87.6	2020届毕业生对口就业率/%	67.4
2019届毕业生年底就业率/%	100	2019届毕业生用人单位满意或基本满意比例/%	91.7
校内专任教师数/人	21	专任教师双师素质比例/%	100
2019—2020学年兼职教师总数/人	17	2019—2020学年兼职教师授课课时数占专业课时数的比例/%	41.1
校内实训基地数/个	7	校内实训基地生均设备总值/(万元/生)	1.8
2019—2020学年校内实训基地使用频率/(人时)	367 360	校外实习实训基地数/个	17
2019—2020学年校外实习实训基地接受半年顶岗实习学生数/人	86	校外实习实训基地接收2020届毕业生就业数/人	62
本专业合作企业总数/个	17	本专业合作企业订单培养总数/人	0
本专业合作企业共同开发课程总数/门	9	本专业合作企业支持学校兼职教师总数/人	8
合作企业接受本专业顶岗实习学生总数/人	86	合作企业接受本专业2020届毕业生就业总数/人	67
合作企业对本专业准捐赠设备总值/万元	81.3	合作企业对本专业捐赠设备总值/万元	5
本专业为企业培训员工总数/(人天)	1 200		

(2) 软件技术专业基本情况见表3-3。

表3-3 软件技术专业基本情况

专业代码	610205	专业名称	软件技术
所在院(系)	信息工程学院	所属专业大类	电子信息大类
全日制高职在校生数/人	614	一年级在校生数/人	194
二年级在校生数/人	192	三年级在校生数/人	228
2020级招生计划数/人	200	2020级实际录取数/人	198
2020级新生报到数/人	194	2020级新生报到比例/%	98
2020级本省生源学生报到数/人	125	2020级本省生源学生报到比例/%	98.4
2020届毕业生数/人	219	2020届毕业生初次就业率/%	94.1
2020届毕业生本省市就业比例/%	88.1	2020届毕业生对口就业率/%	66.1
2019届毕业生年底就业率/%	97.9	2019届毕业生用人单位满意或基本满意比例/%	94.2
校内专任教师数/人	41	专任教师双师素质比例/%	95.1
2019—2020学年兼职教师总数/人	31	2019—2020学年兼职教师授课课时数占专业课时总数的比例/%	38.6
校内实训基地数/个	15	校内实训基地生均设备总值/(万元/生)	1.6
2019—2020学年校内实训基地使用频率/(人时)	449 040	校外实习实训基地数/个	22
2019—2020学年校外实习实训基地接受半年顶岗实习学生数/人	109	校外实习实训基地接收2020届毕业生就业数/人	91
本专业合作企业总数/个	22	本专业合作企业订单培养总数/人	0
本专业合作企业共同开发课程总数/门	12	本专业合作企业支持学校兼职教师总数/人	15
合作企业接受本专业顶岗实习学生总数/人	109	合作企业接受本专业2020届毕业生就业总数/人	78
合作企业对本专业准捐赠设备总值/万元	166	合作企业对本专业捐赠设备总值/万元	36
本专业为企业培训员工总数/(人天)	1 500		

(3) 嵌入式技术与应用专业基本情况见表 3-4。

表 3-4 嵌入式技术与应用专业基本情况

专业代码	610208	专业名称	嵌入式技术与应用
所在院(系)	信息工程学院	所属专业大类	电子信息大类
全日制高职在校生数/人	374	一年级在校生数/人	82
二年级在校生数/人	142	三年级在校生数/人	150
2020级招生计划数/人	90	2020级实际录取数/人	86
2020级新生报到数/人	82	2020级新生报到比例/%	95.3
2020级本省生源学生报到数/人	60	2020级本省生源学生报到比例/%	90.9
2020届毕业生数/人	86	2020届毕业生初次就业率/%	100
2020届毕业生本省市就业比例/%	91.9	2020届毕业生对口就业率/%	58.4
2019届毕业生年底就业率/%	96.5	2019届毕业生用人单位满意或基本满意比例/%	92.2
校内专任教师数/人	25	专任教师双师素质比例/%	100
2019—2020学年兼职教师总数/人	18	2019—2020学年兼职教师授课课时数占专业课时总数的比例/%	40
校内实训基地数/个	8	校内实训基地生均设备总值/(万元/生)	1.8
2019—2020学年校内实训基地使用频率/(人时)	223 121	校外实习实训基地数/个	12
2019—2020学年校外实习实训基地接受半年顶岗实习学生数/人	75	校外实习实训基地接收2020届毕业生就业数/人	26
本专业合作企业总数/个	15	本专业合作企业订单培养总数/人	0
本专业合作企业共同开发课程总数/门	10	本专业合作企业支持学校兼职教师总数/人	14
合作企业接受本专业顶岗实习学生总数/人	75	合作企业接受本专业2020届毕业生就业总数/人	41
合作企业对本专业准捐赠设备总值/万元	0	合作企业对本专业捐赠设备总值/万元	45
本专业为企业培训员工总数/(人天)	1 200		

(4) 电信服务与管理专业基本情况见表3-5。

表3-5　电信服务与管理专业基本情况

专业代码	610305	专业名称	电信服务与管理
所在院(系)	信息工程学院	所属专业大类	电子信息大类
全日制高职在校生数/人	84	一年级在校生数/人	30
二年级在校生数/人	37	三年级在校生数/人	17
2020级招生计划数/人	30	2020级实际录取数/人	30
2020级新生报到数/人	30	2020级新生报到比例/%	100
2020级本省生源学生报到数/人	30	2020级本省生源学生报到比例/%	100
2020届毕业生数/人	42	2020届毕业生初次就业率/%	100
2020届毕业生本省市就业比例/%	76.2	2020届毕业生对口就业率/%	69.1
2019届毕业生年底就业率/%	100	2019届毕业生用人单位满意或基本满意比例/%	91.7
校内专任教师数/人	7	专任教师双师素质比例/%	100
2019—2020学年兼职教师总数/人	4	2019—2020学年兼职教师授课课时数占专业课时总数的比例/%	40.4
校内实训基地数/个	5	校内实训基地生均设备总值/(万元/生)	1.5
2019—2020学年校内实训基地使用频率/(人时)	82 640	校外实习实训基地数/个	16
2019—2020学年校外实习实训基地接受半年顶岗实习学生数/人	20	校外实习实训基地接收2020届毕业生就业数/人	9
本专业合作企业总数/个	16	本专业合作企业订单培养总数/人	84
本专业合作企业共同开发课程总数/门	8	本专业合作企业支持学校兼职教师总数/人	4
合作企业接受本专业顶岗实习学生总数/人	20	合作企业接受本专业2020届毕业生就业总数/人	26
合作企业对本专业准捐赠设备总值/万元	0	合作企业对本专业捐赠设备总值/万元	10.2
本专业为企业培训员工总数/(人天)	467		

(5) 计算机信息管理专业基本情况见表 3-6。

表 3-6 计算机信息管理专业基本情况

专业代码	610203	专业名称	计算机信息管理
所在院(系)	信息工程学院	所属专业大类	电子信息大类
全日制高职在校生数/人	229	一年级在校生数/人	40
二年级在校生数/人	88	三年级在校生数/人	101
2020 级招生计划数/人	40	2020 级实际录取数/人	40
2020 级新生报到数/人	40	2020 级新生报到比例/%	100
2020 级本省生源学生报到数/人	40	2020 级本省生源学生报到比例/%	100
2020 届毕业生数/人	71	2020 届毕业生初次就业率/%	91.6
2020 届毕业生本省市就业比例/%	85.9	2020 届毕业生对口就业率/%	66.2
2019 届毕业生年底就业率/%	95.8	2019 届毕业生用人单位满意或基本满意比例/%	91.2
校内专任教师数/人	17	专任教师双师素质比例/%	94.1
2019—2020 学年兼职教师总数/人	6	2019—2020 学年兼职教师授课课时数占专业课时总数的比例/%	41.4
校内实训基地数/个	4	校内实训基地生均设备总值/(万元/生)	1.6
2019—2020 学年校内实训基地使用频率/(人时)	143 320	校外实习实训基地数/个	16
2019—2020 学年校外实习实训基地接受半年顶岗实习学生数/人	54	校外实习实训基地接收 2020 届毕业生就业数/人	31
本专业合作企业总数/个	16	本专业合作企业订单培养总数/人	229
本专业合作企业共同开发课程总数/门	6	本专业合作企业支持学校兼职教师总数/人	6
合作企业接受本专业顶岗实习学生总数/人	54	合作企业接受本专业 2020 届毕业生就业总数/人	56
合作企业对本专业准捐赠设备总值/万元	0	合作企业对本专业捐赠设备总值/万元	59.4
本专业为企业培训员工总数/(人天)	685		

(三) 专业群特色与优势

1. 创立了"333"信息与通信技术人才培养模式

计算机网络技术专业群在学校"跨界融合"人才培养理念的基础上,根据专业发展的特点,构建了产教融合的"333"信息与通信技术人才培养模式。该模式的特点以学院、企业与技能工作室为三个培养主体,学院主导,产教融合，合作共赢；以理实一体的基础与理论教学、分层多元的实训教学、真实场景的实践教学为三个教学阶段，技术导向，项目驱动、分层多元；以职业素养平台、专业技能平台与创新创业平台为三个教育平台，素质优先，质量保障，培育优才。

2. 构建了"分层多元、跨界互选"的个性化课程体系

专业群依托学校"2+3"课程体系，依托"跨界融合型人才培养"弹性学分制选课模式，加强对行业企业的调研，与行业企业专家共同探讨，在完成大一公共职业素养课程之后，根据信息与通信技术人才实际需求，以技术为引导，项目为驱动，由各个技能工作室对大二学生开展项目化实训教学；利用创新创业平台、校外实习基地，加强对学生的实践锻炼。

3. 打造了一支立德树人、技能精湛的师资队伍

信息技术飞速发展，因此，本专业群的教学团队要始终保持教育理念和技术技能的先进性。专业群依托本校区域产业集聚效应，加强校企合作、产教融合，打造了一支师德优良、技能过硬、能学习、擅实践，具有国际化视野的"双师型"教学团队。该教学团队2017年获评江苏省青蓝工程优秀教学团队荣誉称号。教学团队成员均具有硕士以上学历、双师型素质和多年企业工作经验，其中，有国外留学进修经历的教师占40%以上，近三年完成企业横向课题20余项，累计到账经费超200万元。

4. 形成了政府、学校、行业、企业协同育人新机制

专业群坚持政府引导、学校主导、企业融合、行业指导的原则，形成了政府、学校、行业、企业协同育人新机制。在这样的机制引导和实践下，本专业群人才培养取得了长足发展。近三年学生就业率维持在99%以上，超过70%的学生留在了本地区计算机相关企业中。一些优秀的学生在近几年的全国和江苏省职业院校技能大赛中取得了优异成绩。其中，2014—2016年获"移动互联网应用软件开发"赛项三等奖，2017年获全国职业院校技能大赛"计算机网络应用"赛项一等奖，2017年获全国职业院校技能大赛"信息安全与评估"赛项二等奖，2018年获全国职业院校技能大赛"软件测试"赛项一等奖，2019年获"大数据技术与应用"赛项一等奖，另外，还获得省级比赛一等奖1项、二等奖4项、三等奖4项。本专业群教师紧跟信息与通信技术的发展趋势，保持了教师团队、学生培养的先进性。

三、预期成效和标志性成果

（一）专业群建设年度规划表

1. 人才培养模式（表3-7）

表3-7 人才培养模式

建设任务	年度目标				
	2021	2022	2023	2024	2025
1.1 优化人才培养模式	（1）创新人才培养模式，重构专业群课程体系 （2）完成2021年人才培养方案	（1）完善人才培养模式和专业群课程体系 （2）完成2022年人才培养方案	（1）进一步完善人才培养模式和专业群课程体系 （2）完成2023年人才培养方案	（1）进一步完善人才培养模式和专业群课程体系 （2）完成2024年人才培养方案	（1）形成高水平的人才培养模式和专业课程体系 （2）完成2025年的人才培养方案
1.2 重构"分层多元、跨界互选"的个性化课程体系	试点1个职业技能领域的"1+X"证书制度	新增1个职业技能领域的"1+X"证书制度	继续新增1个职业技能领域的"1+X"证书制度	继续新增2个职业技能领域的"1+X"证书制度	（1）"1+X"证书制度学生覆盖率达到50% （2）形成高水平、高质量的课程体系，并向省内兄弟院校推广
1.3 培养跨界融合的复合型技术技能人才	（1）10%以上的学生获得高水平职业资格证书 （2）省级以上技能、创新创业大赛获奖2项以上 （3）学生对口就业率不低于50%	（1）15%以上的学生获得高水平职业资格证书 （2）省级以上技能、创新创业大赛获奖2项以上 （3）学生对口就业率不低于55%	（1）20%以上的学生获得高水平职业资格证书 （2）省级以上技能、创新创业大赛获奖2项以上 （3）学生对口就业率不低于60%	（1）25%以上的学生获得高水平职业资格证书 （2）省级以上技能、创新创业大赛获奖2项以上 （3）学生对口就业率不低于65%	（1）30%以上的学生获得高水平职业资格证书 （2）省级以上技能、创新创业大赛获奖2项以上 （3）学生对口就业率不低于70%

2. 课程教学资源建设（表3-8）

表3-8 课程教学资源建设

建设任务	年度目标				
	2021	2022	2023	2024	2025
2.1 建立优质教学资源建设标准	（1）组建跨界课程开发团队 （2）校企共同开发专业课程标准	完善课程标准、资源建设标准与规范	进一步完善课程标准、资源建设标准与规范	形成规范化与高水平的课程标准、资源建设标准与规范	形成规范化与高水平的课程标准、资源建设标准与规范，并向国内兄弟院校推广应用
2.2 课程思政全面融入课程建设	（1）建成在线开放课程4门 （2）所建课程加入资源库，更新资源库10%以上 （3）30%的课程融入思政教育	（1）建成在线开放课程6门、培训课程4门 （2）建成覆盖专业群课程体系的资源库并且更新10%以上 （3）30%的课程融入思政教育	（1）建成在线开放课程8门、培训课程4门、双语课程4门 （2）所建课程加入资源库，更新资源库10%以上 （3）30%的课程融入思政教育	（1）建成在线开放课程8门、培训课程4门、双语课程6门 （2）建成覆盖专业群课程体系的资源库 （3）30%的课程融入思政教育	（1）建成在线开放课程8门、培训课程4门、双语课程6门 （2）建成覆盖专业群课程体系的资源库。在全国推广课程资源，形成示范引领 （3）30%的课程融入思政教育
2.3 校企共同开发优质课程资源	（1）制定资源质量评价指标和资源使用效果评价指标 （2）完成对已建新课程使用效果的评估并整改	（1）完善新课程质量评价指标 （2）完成对已建课程使用效果的评估并整改	（1）进一步完善新课程质量评价指标 （2）完成对已建课程使用效果的评估并整改	（1）形成高质量的新课程质量评价和新课程标准 （2）完成对已建课程使用效果的评估并整改 （3）数字化资源质量评价与效果评估机制向国内院校推广	（1）形成高质量的新课程质量评价和新课程标准 （2）完成对已建课程使用效果的评估并整改 （3）数字化资源质量评价与效果评估机制向国内院校推广

3. 教材与教学资源改革（表3-9）

表3-9 教材与教学资源改革

建设任务	年度目标				
	2021	2022	2023	2024	2025
3.1 实施思政课程与课程思政融合教育	（1）组建专业群教学工作小组，制定分工协作模块化教学管理机制和规范 （2）重组专业基础课模块教学内容 （3）研究课程思政教学改革	（1）针对专业核心课程，组建校企融合课程教师团队，实施模块化教学 （2）初步形成课程思政改革方案	（1）针对综合实训项目，组建校企融合的跨专业教师团队，实施不同专业学生分组实战的模块化教学 （2）在所有专业群课程中推广课程思政教学改革	（1）完善并全面实施模块化教学，优化实施流程 （2）汇编模块化教学典型案例，在国内相关专业推广 （3）总结课程思政教学改革成果，形成总结报告	（1）完善并全面实施模块化教学，优化实施流程 （2）汇编模块化教学典型案例，在国内相关专业推广 （3）在省内外推广本专业群课程思政教学改革成果
3.2 实施线上线下混合式"金课"教学改革	充分利用"职教云"等智慧教学平台和数字化教学资源，全面实施混合式教学	推进基于智慧教室的"线上线下混合式"教学方式改革	推进基于智慧教室的"线上线下混合式"教学方式改革	全面推行基于智慧教育的混合式教学方式，并在国内其他院校推广	全面推行基于智慧教育的混合式教学方式，并在国内其他院校推广
3.3 开发新形态教材	（1）成立教材编写领导小组，制定教材编写规范，确定教材开发团队和负责人 （2）制定新形态一体化教材数字资源建设标准与规范 （3）开发新形态一体化教材1部，活页式讲义1部	（1）开发新形态一体化教材1部，活页式讲义1部 （2）完成配套资源建设 （3）更新现有教材内容及配套资源	（1）开发新形态一体化教材1部，活页式讲义1部 （2）完成配套资源建设 （3）更新现有教材内容及配套资源 （4）争取立项江苏省重点教材1部	（1）开发新形态一体化教材1部，活页式讲义1部 （2）完成配套资源建设 （3）更新现有教材内容及配套资源 （4）争取立项江苏省重点教材1部	（1）开发新形态一体化教材1部，活页式讲义1部 （2）建成系列教材，基本覆盖专业群教学需求，完成配套资源建设 （3）更新现有教材内容及配套资源 （4）争取建成国家规划教材1部

4. 教师教学创新团队（表3-10）

表3-10 教师教学创新团队

建设任务	年度目标				
	2021	2022	2023	2024	2025
4.1 打造高水平师资团队	(1) 争取引进或培养博士1名 (2) 培养专业带头人1名，培养技术技能大师2名 (3) 制定教师岗位标准及绩效考核标准	(1) 柔性引进企业技术技能大师1名 (2) 培养教学名师2名 (3) 制定科研能力提升机制、模块化教学团队的建设与管理机制	(1) 争取引进或培养博士1名 (2) 持续培养学科带头人、技术技能大师与教学名师	(1) 柔性引进企业技术技能大师1名 (2) 持续培养学科带头人、技术技能大师与教学名师 (3) 深化和完善团队建设管理机制，向国内院校推广	(1) 持续引进学科博士、企业技术技能大师 (2) 持续培养学科带头人、技术技能大师与教学名师 (3) 深化和完善团队建设管理机制，向国内院校推广
4.2 强化实践能力	(1) 组织信息化教学能力培训和测试，省级职业院校技能大赛教学能力比赛获奖1项 (2) 10%的教师获取高水平职业技能证书 (3) 发表核心及以上论文4篇	(1) 组织信息化教学能力培训和测试，省级职业院校技能大赛教学能力比赛获奖1项 (2) 20%的教师获取高水平职业技能证书 (3) 发表核心及以上论文4篇	(1) 组织信息化教学能力培训和测试，省级职业院校技能大赛教学能力比赛获奖1项 (2) 30%的教师获取高水平职业技能证书 (3) 发表核心及以上论文4篇	(1) 组织信息化教学能力培训和测试，省级职业院校技能大赛教学能力比赛获奖1项 (2) 40%的教师获取高水平职业技能证书 (3) 发表核心及以上论文4篇	(1) 组织信息化教学能力培训和测试，省级职业院校技能大赛教学能力比赛获奖1项 (2) 50%的教师获取高水平职业技能证书； (3) 发表核心及以上论文4篇
4.3 提升教师国际视野	(1) 国内外教师交流互访1人次 (2) 学术交流2人 (3) 30%的教师具备双语教学能力	(1) 国内外教师交流互访1人次 (2) 学术交流2人 (3) 15%的教师具备双语教学能力	(1) 国内外教师交流互访1人次 (2) 学术交流2人 (3) 20%的教师具备双语教学能力	(1) 国内外教师交流互访1人次 (2) 学术交流2人 (3) 25%的教师具备双语教学能力	(1) 国内外教师交流互访1人次 (2) 学术交流2人 (3) 30%的教师具备双语教学能力

5. 产教融合实践教学基地（表3-11）

表3-11 产教融合实践教学基地

建设任务	年度目标				
	2021	2022	2023	2024	2025
5.1 深化实践教学体系	（1）制定实践教学项目案例库建设规范 （2）开发实践教学项目案例3个 （3）制订基地化进阶式实践教学体系建设方案	（1）应用并完善实践教学项目案例库 （2）新建实践教学项目案例3个 （3）整合专业群内通用实训资源,建成专业群通用能力和专项能力培养模块,并在专业群内实施应用	（1）应用并完善实践教学项目案例库 （2）新建实践教学项目案例3个 （3）整合专业群内通用实训资源,建设集成能力、岗位能力培养模块	（1）应用并完善实践教学项目案例库 （2）新建实践教学项目案例3个 （3）形成基地化进阶式实践教学体系,在国内院校推广应用	（1）应用并完善实践教学项目案例库 （2）新建实践教学项目案例3个 （3）形成基地化进阶式实践教学体系,在国内院校推广应用
5.2 建设综合实训基地	（1）建设Web前端开发实训室 （2）建设场景化综合实训模块,校企合作开发场景化实训项目案例1个	（1）建设华为网络技术实训室 （2）建设场景化综合实训模块,校企合作开发场景化实训项目案例1个	（1）建设华为移动通信仿真实训室 （2）建设场景化综合实训模块,校企合作开发场景化实训项目案例1个	（1）建设网络空间安全实训基地 （2）建设场景化综合实训模块,校企合作开发场景化实训项目案例1个	（1）建设云计算应用技术实训室 （2）完善场景化综合实训模块,校企合作开发场景化实训项目案例1个 （3）建成省级产教融合实训基地
5.3 完善管理评价机制	（1）制订实践教学管理方案 （2）完成企业专家对实训室企业文化环境的评价与改造 （3）完善教学管理办法	制定实践教学评价与反馈机制	（1）实施实践教学成效评价 （2）根据实践教学反馈,实施成效改进措施	（1）实施实践教学成效评价 （2）根据实践教学反馈,实施成效改进措施	（1）形成工业互联网行业特色的实践教学管理与评价范式 （2）向国内院校推广应用

6. 技术技能服务平台（表3-12）

表3-12 技术技能服务平台

建设任务	年度目标				
	2021	2022	2023	2024	2025
6.1 构建技术研发平台	(1) 设计工业互联网服务平台建设方案，制定平台资源共建、共享机制 (2) 制定可借鉴、可输出的技术研发平台管理机制	(1) 完善工业互联网服务平台建设方案，完善资源平台共建、共享机制 (2) 完善技术研发平台管理机制	(1) 完善工业互联网服务平台建设方案，完善资源平台共建、共享机制 (2) 完善技术研发平台管理机制 (3) 对接服务中小企业10家	(1) 完善工业互联网服务平台建设方案，完善资源平台共建、共享机制 (2) 完善技术研发平台管理机制 (3) 对接服务中小企业10家	(1) 建成省内一流、可推广应用的研发平台 (2) 形成可借鉴、可输出的技术研发平台管理机制 (3) 对接服务中小企业10家
6.2 打造技能名师培育基地	(1) 计划建成高等学校科技创新团队 (2) 计划培育技能名师工作室1个	(1) 完善建成高等学校科技创新团队 (2) 完善培育技能名师工作室1个	(1) 完善建成高等学校科技创新团队 (2) 完善培育技能名师工作室1个	(1) 完善建成高等学校科技创新团队 (2) 完善培育技能名师工作室1个	(1) 建成高等学校科技创新团队 (2) 参与省级重大项目1项
6.3 打造技术研发与人才培养高地	(1) 组建工程创新中心，实施技术创新和技术应用推广服务 (2) 开发企业项目5项	(1) 开发场景化真实项目实训案例1个 (2) 申报省级以上项目1项	(1) 开发场景化真实项目实训案例1个 (2) 开发企业项目5项	(1) 创新团队开展国内外技术交流合作 (2) 开发企业项目5项	(1) 开发场景化真实项目实训案例1个 (2) 立项省级以上项目1项，开发企业项目10项
6.4 提供高水平技术服务	(1) 专利或软件著作权5项 (2) 立项省市级项目2项 (3) 社会服务到账50万元	(1) 专利或软件著作权5项 (2) 立项省市级项目2项 (3) 社会服务到账50万元	(1) 专利或软件著作权5项 (2) 立项省市级项目2项 (3) 社会服务到账50万元	(1) 专利或软件著作权5项 (2) 立项省市级项目2项 (3) 社会服务到账50万元	(1) 专利或软件著作权5项 (2) 立项省市级项目2项 (3) 社会服务到账50万元
6.5 开展多层次社会培训	(1) 开展社会培训200人次 (2) 开展学生技能等级认证培训200人次	(1) 开展社会培训200人次 (2) 开展学生技能等级认证培训200人次	(1) 开展社会培训200人次 (2) 开展学生技能等级认证培训200人次	(1) 开展社会培训200人次 (2) 开展学生技能等级认证培训200人次	(1) 开展社会培训200人次 (2) 开展学生技能等级认证培训200人次

7. 完善管理和运行机制（表3-13）

表3-13　完善管理和运行机制

建设任务	年度目标				
	2021	2022	2023	2024	2025
7.1 完善与产业发展同步、调整机制	各专业与相关行业产业合作,并签订合作协议	各专业集合起来,形成专业群,与行业产业合作,并形成范式	各专业集合起来,形成专业群,与行业产业同步发展,并形成范式,逐步在兄弟院校推广	各专业集合起来,形成专业群,与行业产业同步发展,并形成范式,逐步在国内院校推广	形成专业群与行业产业同步发展机制,并形成范式,向国内院校推广
7.2 完成专业群建设与运行管理机制	各专业与相关行业产业合作,并签订合作协议,执行相关合作	各专业集合起来与相关行业产业合作,并签订合作协议,跟踪合作情况	主要群与相关行业产业合作,并进一步跟踪合作情况	专业群与相关行业产业合作,根据市场需求调整并进一步完善合作	不断完善专业群建设和运行管理机制,并形成范式,在全国范围内推广
7.3 完善质量诊断和改进机制	修改完善专业群各相关专业的人才培养方案	执行专业群各相关专业的人才培养方案,按照省级示范要求审核人才培养质量	检测并完善专业群各相关专业的人才培养方案,按照省级示范要求,确保人才培养质量	（1）根据实际执行情况,进一步完善人才质量评价体系 （2）人才培养质量诊断与改进,成为省级示范,并向兄弟院校推广	（1）根据实际执行情况,进一步完善人才质量评价体系 （2）人才培养质量诊断与改进,成为省级示范,并向国内院校推广
7.4 加强国际交流	（1）计划教师与境外学者合作发表EI以上论文 （2）计划选派教师参加中长期国(境)外研修 （3）计划选派学生赴境外交流学习,拓展学生国际视野 （4）计划引进先进国家职业教育优质课程资源	（1）教师与境外学者合作发表EI以上论文1篇 （2）选派至少3名学生赴境外交流学习,拓展学生国际视野 （3）引进先进国家职业教育优质课程资源1门	（1）选派至少1名教师参加中长期国(境)外研修 （2）选派至少2名学生赴境外交流学习,拓展学生国际视野 （3）引进先进国家职业教育优质课程资源1门	（1）选派至少1名教师参加中长期国(境)外研修 （2）选派至少2名学生赴境外交流学习,拓展学生国际视野 （3）引进先进国家职业教育优质课程资源1门 （4）探索国际工程认证培养模式	（1）教师与境外学者合作发表EI以上论文1篇 （2）选派至少3名学生赴境外交流学习,拓展学生国际视野 （3）引进先进国家职业教育优质课程资源1门 （4）探索国际工程认证培养模式

（二）标志性成果（表3-14）

表3-14　标志性成果

成果类型	序号	标志性成果	成果级别		
			国家级	省级	其他
人才培养模式	1	职业技能、创新创业大赛学生获奖/项	3	15	5
	2	教学成果奖/项		1	
课程教学资源建设	3	在线开放课程/门		3	3
教材与教法改革	4	重点教材/部		2	
	5	国家规划教材/部	1		
教师教学创新团队	6	教学名师/个		1	
	7	教师教学创新团队/个		1	3
	8	职业院校技能大赛、教学能力比赛获奖/项		5	
实践教学基地	9	产教融合实训基地/个		1	2
技术技能平台	10	工程技术研究开发中心/个		1	2
	11	知识产权/个	50		
	12	科技创新团队/个		1	1
社会服务	13	行业权威证书培训与认证中心/个	2		
	14	社会培训/人次	1 000		
	15	教学与科研课题立项/项		5	10
国际交流与合作	16	留学生培养项目/人次	100		
	17	师资互访/次	3		

四、专业群建设保障

地方政府、主管部门在政策、资金等方面给予本专业群大力支持，学校从思想保障、组织保障、经费保障、制度保障等方面全方位构建保障体系，确保高质量地完成省级高水平专业群建设项目。

（一）政府支持

苏州工业园区作为改革开放试验田，国际合作示范区，中国发展速度最快、最具国际竞争力的开发区之一，近年来不断加快产业升级、科技创新与转型发展，重点发展以金融、文化、服务外包、物流会展、商贸旅游为主体的服务型经济，大力推进以纳米技术产业为引领，以纳米光电新能源、生物医药、融合通信、软件动漫游戏、生态环保五大新兴产业为支撑的创新型经济，基本实现以制造业为主的产业结构向以服务业为主的产业结构升级、以外向型为主的产业结构向以创新型为主的产业结构转型，形成了以高新技术产业为主导、先进制造业为支柱、现代服务业为支撑的现代产业体系。苏州工业园区服务外包职业学院遵循"为产业办教育"的办学宗旨，坚持"根植现代服务产业，助力区域经济发展"的办学定位，制定的"培养职业素质高、外语能力强、专业技能硬，具备终身发展能力和国际视野的技术技能型人才"的人才培养目标与苏州工业园区的转型升级相适应，为学校高素质技术技能专业人才培养提供了良好的外部环境。

苏州工业园区大力实施科教兴区战略，始终将职业教育摆在优先发展的位置，把大力发展现代职业教育作为转变发展方式、调整产业结构和改善民生的重要战略举措。积极出台鼓励众创空间政策，为学校在校生和毕业生的创新创业提供了坚定的政策支持。

省级高水平专业群建设项目的启动和实施是江苏省高等职业教育深化改革、加快发展的一项重要举措。苏州工业园区服务外包职业学院作为苏州工业园区唯一一所公办专科院校，苏州园区政府承诺全力支持其建设省级高水平专业群，并在人才培养模式创新、人才引进、校企合作、经费保障等方面给予全力支持。

（二）思想保障

学校组织全校师生员工进一步深入学习国家、江苏省关于高等职业院校高水平专业群建设的有关文件，利用会议、讲座、校园网、微信公众号等多种方式，广泛宣传专业群建设工作的建设目标、建设内容、建设进度、工作要求和意义，推动全校教职工统一认识和思维创新，正确全面把握建设的内涵和本质，增强全校教职工参与专业群建设的自觉性、主动性、责任感和创新意识，为实施高水平专业群建设项目奠定牢固的思想基础。

（三）组织保障

为切实加强对省高水平专业群建设项目实施工作的组织领导，由学校"省级高水平专业群建设工作指导委员会"、学校党政一把手对建设工作负总责，分管校领导分工负责，各重点专业群建设项目所在学院（中心）的党政负责人和各专项负责人对其承担的建设项目具体负责。

（四）经费保障

学校成立以学校校长为组长、事业发展中心主任为副组长、财务处处长为成员的省级高水平专业群建设经费保障组，对项目建设资金的筹措及使用进行统一规划、统一部署、统一管理。紧紧依托地域优势和社会资源优势，通过多形式、多渠道积极筹措资金，争取企业、行业和社会的支持，通过与企业合作办学、校企双方共建实训基地，为企业开展员工培训、技术开发与技术咨询服务等途径，筹集部分建设经费。建立严格的项目资金管理制度和监管制度，建设专项经费，严格执行项目预算，合理有效使用各项建设经费，对项目建设的实施、资金投向及年度资金调度安排、固定资产购置（建设）等实行全过程管理，严格执行江苏省教育厅、财政厅关于省级高水平专业群建设资金使用的有关规定，确保资金运用有效。

（五）制度保障

为切实做好省级高水平专业群建设项目的管理工作，保证项目建设的规范、有序进行，学校在现有各项规章制度的基础上，根据江苏省教育规划纲要、《省政府关于加快推进现代职业教育体系建设的实施意见》（苏政发〔2014〕109号）及《省教育厅关于印发加强全省高等职业教育专业群建设指导意见的通知》（苏教职〔2020〕8号）等相关通知文件的要求，建立一套科学有效的专项管理制度，从而形成"省级高水平专业群"建设制度保障体系，促进学校日常管理的规范化、制度化，确保项目建设按期完成。

1. 建立项目建设管理制度

学校制定《苏州工业园区服务外包职业学院省级高水平专业群实施管理规定》，并制订符合学校实际的项目建设方案，经可行性论证后，分解落实到各年度、各学院，确保建设方案的可行性和建设目标的可实现性。制订建设方案分年度实施计划，组织年度自查，接受江苏省教育厅、财政厅组织的阶段性过程检查和项目验收，依据项目建设进度计划，做好年度总结和项目结题工作，接受并通过项目验收。

2. 建立项目负责人目标责任管理制度

按照目标责任管理制度，每个子项目由一名负责人全面负责本项目的实施工作。学校组建项目团队，明确项目参与人、分项建设目标与要求、建设步骤与完成时间，保证项目建设有条不紊地进行。

3. 建立研究培训制度

学校制订培训计划，组织项目团队成员认真学习专业群建设有关文件、制度等，对项目负责人和团队成员进行项目管理、专业知识、财务知识等方面的培训，使团队成员明确自身在项目建设中的职责，提高团队成员的工作效率，增强团队成员的合作精神和凝聚力，营造团队和谐的工作氛围，确保项目的顺利实施。

4. 建立专项资金管理制度

学校明确规定专项资金使用的范围、审批权限、开支额度、绩效评价等；实行专项资金独立核算，严格实行专款专用，制定相关财务审计制度，强化项目资金监管，确保专项资金使用的严肃性和合理性，接受社会监督，接受纪检、监察和审计部门的监管，提高建设经费的使用效率。

5. 建立项目设备招标采购制度

在项目建设过程中，学校按照国家和省项目招投标管理规定，修订和完善学校招投标制度，实行公开招标，制订科学合理的招投标方案，确保项目建设工作公开、透明。严格资产管理，建立资产有效使用机制，努力实现资产保值、增值，提高资产利用率。

6. 建立项目质量监控制度

学校全程监测各项目建设进展情况，对工作不力或出现失误的项目组及其负责人提出督办或查处建议。建立项目中期检查、项目年度报告等配套管理制度。

7. 建立项目建设动态管理制度

按照"分级管理、责任到人、专家把关、集体决策、双向监督"的原则和项目建设工作目标责任制的要求，学校建立项目建设动态管理制度，建立省级高水平专业群建设领导小组例会制度、项目建设过程中的检查通报制度、评比验收制度，保证项目建设工作程序规范有序。

第四章 专业群课程体系

第一节 高职课程设置概述

一、高职课程设置概念界定

"专业建设,课程为王",这是得到大多数高等教育工作者认可的专业建设原则。课程建设是专业建设的核心,关系到专业建设能否实现预期的人才培养目标。在课程建设中,课程设置又是一切的基础,影响整个课程建设工作的开展。一般来说,课程设置的要素包括学校开设的教学科目、每一科目的学时分配以及这些教学科目开设的先后顺序。我国教育理论家刘家城将课程设置定义为:在专业设置确定后,从教学对象的具体学情出发,根据学制的长短和教学目的的需要,按照基础理论、专业基础理论和专业理论等层次,以及考试课和考查课、必修课和选修课等类别的划分,周密规划、设计和确定教学科目的过程。由此可见,课程设置要以人才培养目标为基础,其根本目的是通过合理安排教学科目,使学生经过课程的学习和训练掌握必要的知识与技能,获得职业素养的提升。

高职课程设置符合课程设置的一般规律和要求。例如,高职课程设置也要根据各专业学生的知识、技能和素质目标,构建兼顾知识学习、能力训练和素质提升的课程体系。但高职课程设置也有不同于一般课程设置的一面,原因在于职业教育的属性使得高职课程设置更加突出职业能力的培养和综合素质的提升。

总的来说，高职课程设置体现了高职院校培养高素质技术技能人才的总体教学计划安排，涉及高职院校为实现人才培养目标而确定教学科目及其内容、进度、顺序的全部过程。基于高素质技术技能人才培养的目标定位，高职课程设置要以社会需求为基础，以就业为导向，以岗位群和专业群对学生知识、能力和素质的要求为出发点和落脚点，充分考虑行业企业的发展状态和岗位能力要求，使课程设置符合学生职业能力发展规律，促进学生全面综合发展。

国内外学者对高职课程设置的特点进行了充分研究。美国著名职业教育研究者芬奇（Finch）将职业教育课程的特点总结为三个方面：第一，定向性，即高职课程设置直接面向生产或就业；第二，适应性，即高职课程设置基于特定地区的特定职业需求；第三，针对性，即高职课程设置直接帮助学生掌握广泛的知识、技能，形成良好的态度和价值观，增强学生的就业能力。国内学者姜大源将职业教育课程的特点总结为定向性、应用性和整体性三个方面。

1. 定向性

高职院校专业群或专业的课程设置以地区产业经济发展为出发点。考虑到各个地区和行业经济对人才的差异化需求，高职院校课程设置应充分调研专业群或专业面向的行业企业，对岗位能力要求进行分解后形成对应的能力培养课程体系。因此，高职课程设置既要将行业企业实际需求及岗位能力要求作为制定课程培养目标的基础，又要体现区域性和行业性。

2. 应用性

高素质技术技能人才的核心素养是其应用专业知识和技能解决实际问题的能力。因此，高职院校应将实际操作能力作为教学的重点。在理论知识传授上，一般以"够用"为度。在技能培养方面应增加课时，尤其要注意以企业真实生产过程为基础实施教学过程，以企业真实案例为基础重构教学内容。在制订人才培养方案和课程标准时，将岗位技能点分解为课程教学任务，确保高职课程设置与企业的生产过程和岗位技能要求对接，体现高职课程设置的应用性特点。

3. 整体性

高职课程设置涉及专业需求调研、教学科目相关要素的确立以及课程体系评价等多种活动，具有整体性的特点，体现了完整的教学活动。高职课程设置的整体性要求高职院校在进行课程设置时要考虑各个活动的特点和相互关系。

二、高职课程设置的要求和原则

（一）高职课程设置的要求

2019年，教育部在《关于职业院校专业人才培养方案制订与实施工作的指导意见》（教职成〔2019〕13号）（以下简称"《意见》8"）中对职业院校的课程设置提出了明确要求。"《意见》8"要求，课程设置分为公共基础课程和专业（技能）课程两类，具体涉及以下工作安排。

（1）严格按照国家有关规定开齐开足公共基础课程。高职学校应当将思想政治理论课、体育、军事课、心理健康教育等课程列为公共基础必修课程，并将马克思主义理论类课程、党史国史、中华优秀传统文化、职业发展与就业指导、创新创业教育、信息技术、语文、数学、外语、健康教育、美育课程、职业素养等列为必修课或限定选修课。

根据有关文件规定开设关于国家安全教育、节能减排、绿色环保、金融知识、社会责任、人口资源、海洋科学、管理等人文素养、科学素养方面的选修课程、拓展课程或专题讲座（活动），并将有关知识融入专业教学和社会实践中。

（2）科学设置专业（技能）课程。专业（技能）课程设置要与培养目标相适应，课程内容要紧密联系生产劳动实际和社会实践，突出应用性和实践性，注重学生职业能力和职业精神的培养。一般按照相应职业岗位（群）的能力要求，确定6—8门专业核心课程和若干门专业课程。

（3）合理安排学时。三年制高职每学年安排40周教学活动。三年制高职总学时数不低于2 500，鼓励学生自主学习，公共基础课程学时应当不少于总学时的1/4。中、高职选修课教学时数占总学时的比例均应当不少于10%。一般以16—18学时计为1个学分。鼓励将学生取得的行业企业认可度高的有关职业技能等级证书或已掌握的有关技术技能按一定规则折算为学历教育相应学分。

（4）强化实践环节。加强实践性教学，实践性教学学时原则上占总学时数的50%以上。要积极推行认知实习、跟岗实习、顶岗实习等多种实习方式，强化以育人为目标的实习实训考核评价。学生顶岗实习时间一般为 6 个月，可根据专业实际，集中或分阶段安排。推动职业院校建好、用好各类实训基地，强化学生实习实训。统筹推进文化育人、实践育人、活动育人，广泛开展各类社会实践活动。

（二）高职课程设置的原则

1. 高职课程设置应坚持稳定性和动态性相结合

高职课程设置是按照高职人才培养方案的要求对高职课程进行的整体性安排。人才培养方案的制订与经济社会发展状况、产业结构和社会需求有着密切联系，因此高职课程设置也要贴近社会生产的实际流程，以专业面向的职业岗位群的技术技能要求作为培养目标和评价手段。课程设置是人才供给侧即学校的行为，必须与人才需求侧的实际要求相适应，才能保证人才培养的规格和层次与社会、行业、企业的实际需求相匹配。随着经济社会的不断发展、产业结构的调整和技术的不断更新，高职课程设置应该在保持相对稳定的前提下，根据人才需求侧的发展变化进行相应调整，反映市场对人才的知识、能力和素质等方面的最新要求，体现高职课程设置的适应性。

2. 高职课程设置应体现职业性和应用性

高职教育的人才培养目标定位为高素质技术技能人才，因此高职课程设置必须以技术技能培养为根本，着力体现高职课程的职业性、应用性及实践性，适应社会生产实际和职业分工。在专业群建设的统一引领下，高职课程设置以专业群面向岗位群为基础，使课程内容对接行业企业生产流程，课程评价标准对接岗位素质能力要求，培养匹配市场要求的规格和层次的高素质技术技能人才。高职课程设置应坚持将学生的应用能力评价放在首位，突出职业技能的培养，在具体实施上要向专业技能训练、学期实训、顶岗实习、毕业设计等实践环节倾斜，适当增加相应课程，全面增强学生的应用能力，为学生的高质量就业打下坚实基础。

3. 高职课程设置应体现创新性和超前性

高职教育处在一个不断变化的外部环境中，专业群建设、专业建设和课程设置自然无法"独善其身"。高职课程设置应紧跟时代步伐，主动适应经济社会发展、产业结构调整和技术革命，提高高职课程设置的适应性。高职院校应将高职课程设置融入社会发展的大环境中，通过充分的市场调研，预测行业未来发展趋势，在课程调整时及时淘汰过时的课程，根据行业发展增设新的课程和实训项目，引入行业企业的新知识、新技术、新工艺和新方法，体现高职课程设置的创新性和超前性。

第二节 专业群课程体系结构

一、课程体系概述

专业群建设是新时期高职院校提升人才培养质量的重要抓手。高职院校应以专业群建设为契机，增强办学实力和竞争力，实现特色发展和内涵式发展。建设高水平专业群，课程建设是核心，课程体系构建是关键。目前，国内专家学者对高职课程体系的构建尚未达成统一的结论，课程体系的构建仍是一个"仁者见仁、智者见智"的开放性课题。例如，高月勤等[①]提出基于技术型、技能型、技术技能型、综合型四种亚型规格类型构建专业群课程体系，这是从分类培养的角度研究高职专业群课程体系。王文轩等[②]从课程体系的建设理论出发，分析课程体系设计的多方面因素，强调在课程体系中引入任选模块以培养个性化、差异化和创新型人才，同时探讨了任选模块学分转换的必要性、可行性及实施路径，进而提出了专业群学分转换机制的基本原则和参考标准。

从目前已有的研究来看，"平台+模块"是学界认可度比较高的专业群课程体系构建框架和方法。对于这一课程体系架构，许多学者从不同角度开展相关研究。有的学者认为，在专业群课程体系中，各专业核心课程应保持相互独立，这是保证专业相对独立的基本条件，也是各专业的个性要素；有的学者将"平台+模块"的课程体系概括为由公共基础课程、专业群基础课程组成的"平台"课程和由专业必修课程、专业选修课程组成的"模块"课程构建起来的课程体系；还有的学者重点研究模块化课程体系。模块化课程体系包括公共

---

① 高月勤，朱强，刘喻. 基于分类培养的高职专业群课程体系构建研究：以广东交通职业技术学院实践探索为例［J］. 高等职业教育（天津职业大学学报），2020，29（6）：55–59，87.
② 王文轩，李维勇，汤昕怡，等. "双高计划"高水平专业群课程体系和学分转换机制的研究与探讨［J］. 江苏科技信息，2021，38（1）：60–63.

文化素质基础模块、职业技术技能模块、综合素养模块。从具体内容上看，"平台＋模块"和模块化课程体系的理念相同，既要保证专业群的基本培养规格和学生全面发展的共性要求，又要体现不同专业人才的个性化培养，具体实现方式则是课程体系的底层共享、中层分流、高层互选。

二、专业群课程体系基本结构

按照教育部有关文件的要求，高职课程分为公共基础课程和专业（技能）课程两类。各职业院校根据办学定位和目标，形成具有自身特色的课程体系。专业群建设应充分审视和跟踪行业技术变革，研究产业转型升级过程中对人才的需求标准变化。建设高水平专业群不能将单一知识和技能作为培养目标，而是要培养学生的可持续发展能力、学习的主动性和对抽象问题的归纳理解能力，使他们在科技革新和社会变革中具备更强的学习能力和适应能力。高职学生个性化培养与多元化职业技能的需求，学生创新思维的训练及自组织学习的能力要求，迫切需要能够满足学生全面发展要求的专业群课程体系。

专业群课程体系建设应打破传统的专业单一技能与知识体系架构，弱化专业边界，根据专业群受教育主体的特点和专业群面向的行业岗位技能要求构建"分层多元、跨界融通"的课程体系，包括素质基础课程、技能模块课程、能力拓展课程，如图 4-1 所示。

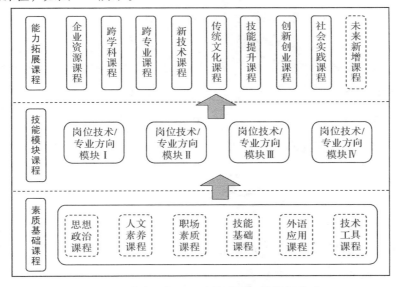

图 4-1　"分层多元、跨界融通"的课程体系

专业群素质基础课程应关注学生的思想观念、品性修养、专业基础，具体应包括思想政治课程、人文素养课程、职场素质课程、技能基础课程、外语应用课程、技术工具课程等；专业群技能模块课程应打破传统割裂的单一技能或知识的课程设置，从项目模块、综合技能体系、专业领域等角度设置不同课程模块，让学生根据自身特征与岗位实际有针对性地选择不同模块进行学习；专业群能力拓展课程应体现学生未来职业升迁的自组织学习能力的培养，可包含企业资源课程、跨学科课程、跨专业课程，以及针对新技术发展、个人技能提升、创新创业实践等方面的可任意选择的多元课程。

"跨界融通"是指创建基于学科互通、专业互通、文理互通的跨专业、跨学科、跨文理课程群。课程体系的构建应体现专业群人才培养业务领域与行业岗位的融合、通识教育与专业教育的融合、素质教育与能力教育的融合，打破学科体系下的专业界限和课程限制，打通障碍，实现多科融合。

"分层多元、跨界融通"的课程体系具有以下三个典型特征。

1. 重视人的可持续发展能力培养

在新技术环境下，工作技能生命周期在缩短。尤其是随着人工智能的发展，部分靠人工完成的工作流程一夜之间被机器人取代，由此高职院校需要重视对学生学习能力、人文素养、健全人格的培养。素质基础课程既是平台课程，也是贯穿于所有学习过程的课程。从人的可持续发展角度看，高职阶段的素质课程应融入受教育者自身教育全过程，融入创新思维训练。

2. 对照岗位技能群，构建抓取式的柔性课程体系

柔性课程体系打破原有的课程体系与课程边界，在原有课程体系基础上进行横向技能与综合技能的分解，形成具有一定层次、一定技能要求的"小课程"。"低阶"课程注重基础与素养，"中阶"课程围绕某个领域多项知识与技能融合，"高阶"课程强调扩宽知识与技能的深度与广度。学生所选择的具体课程既有面向某一技能或专业方向学习内容的系统性，又具有体现个人兴趣专长的个性特征。

3. 具有典型的动态开放性特征

传统的课程体系具有稳定的系统边界。现代技术发展日新月异，为对接产业结构的快速变革，要构建动态开放的课程体系，采用"小班化""情景式"教学。该课程体系实行学分制管理，规定毕业总学分与一定数量的必修课程学

分，让学生可以根据自身需求选择课程模块。另外，构建动态开放课程体系还可以满足学生（毕业生）或社会（企业）职业人在未来岗位中持续学习的需求，形成现代职业教育开环模式。

三、专业群课程开发与建设技术路径

（一）产业化思维课程开发

面向产业、行业是职业教育发展的基本策略，也是职业教育的核心功能。从以往的专业融合建设成效来看，专业群建设系统自我封闭，与产业人才市场缺乏深度融合。就专业群系统而言，其与地方经济产业、产业结构、政策法规等各个因素都密切相关。因此，专业群的课程开发过程绝对不能脱离区域产业的发展，应坚持多元主体参与，彼此赋能，协同发展。

专业群课程的开发与建设是实现专业群特色的内涵，也是实现创新型跨界融合人才培养的本质要求。专业群课程的开发只有完全依据地区核心产业人才培养的实际需求，才能实现专业群人才技能和知识的供给与产业链人才技能和知识的需求相匹配。

以产业化思维推动课程的开发、融合建设，实现课程群体和专业群整体的有机融合，才能体现课程建设的关键作用，实施供给侧改革。这就要求专业群课程建设要遵循三个原则：课程建设与区域产业链相匹配，课程建设与区域产业链相对应，课程建设满足区域产业链的职业特征。

（二）模块化思维课程开发

专业群应产业而生，专业群课程建设应从产业所需技术技能人才必须具备的职业基础能力、职业核心能力和职业发展能力三个方面进行模块化建设。职业基础能力是专业群各专业对整个产业链领域职业岗位技能的基本要求，专业群内的所有专业共同建设职业基础能力课程。职业核心能力对应专业群中技术技能课程和模块化课程，其主要针对产业链中不同岗位人才进行定向培养。职业发展能力是对专业群中人才的跨界融合岗位的要求，对应专业群中的跨界融合课程。专业群课程体系开发路径如图4-2所示。

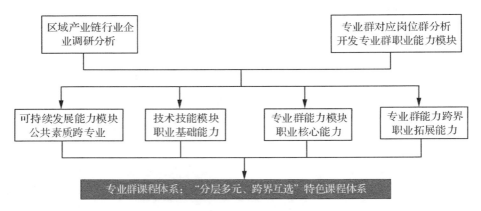

图 4-2　专业群课程体系开发路径

此外，课程建设要融入思政建设，科学设计课程思政教学体系。根据不同课程的特点和育人要求，在专业群共享课程、技术技能课程、模块化课程和跨界融合课程中达成全面课程思政的建设目标。制定课程思政建设要求和目标，在所有课程中体现课程思政的总体目标和重点内容。专业群课程结构如表4-1所示。其中，专业群共享课程包括C语言程序设计、计算机网络基础、前端技术开发、Python程序设计、Windows Server管理等跨界专业课程，培养学生的可持续发展能力，为专业的跨界奠定基础。技术技能课程和模块化课程培养学生的专业能力。该类课程采取"课程融通"模式设计，落实"1+X"证书制度，引进企业真实工程案例作为教学载体，采用项目式情景教学培养学生的创新能力。跨界融合课程开设创新创业、跨专业课程、技能竞赛、产学研工作课程等，培养学生的复合能力和跨专业能力等。跟岗顶岗实习安排学生到企业一线，参与实际工程项目，完善工作技能，解决学生就业的"最后一公里"。

表 4-1　专业群课程结构

课程类别	目标	特征
群共享课程	培养可持续发展能力	公共素质跨专业
技术技能课程	职业基础	课证融通
模块化课程	职业能力	项目式情境教学
跨界融合课程	职业拓展	产学研一体化
跟岗顶岗实习	培养岗位工作能力	解决工程实践问题

计算机网络技术专业群主要培养复合型、创新型高素质跨界融合人才，以产业链、岗位群为基础，因此必须结合职业教育改革"1+X"证书制度，建立专

业群各专业教学标准与职业技能等级标准匹配、与职业培训融通的结构化课程体系。图4-3为计算机网络技术专业群"分层多元、跨界融合"的特色课程体系。

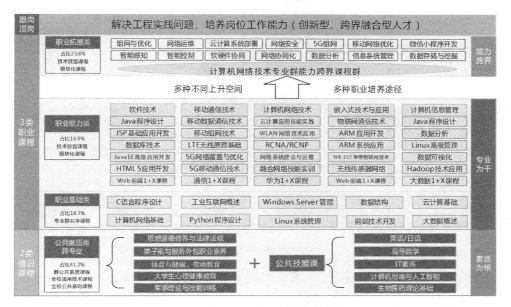

图4-3　计算机网络技术专业群课程体系

该课程体系包括了专业群2类通识课程和3类职业课程，其中通识课程和职业基础课程为专业群共享课程，职业能力课程和职业拓展课程为模块化课程、书证融通课程。为落实"1＋X"证书教育要求，课程体系提供了多种不同的上升空间和职业培养途径。

（三）全局化思维课程开发

专业群的课程体系必须体现育人的特征，这就要求专业群的课程体系需要有公共基础课程的建设。专业群公共基础课程必须区别于传统的职业教育类基础课程，要突出对技能人才的德智体美劳综合素质的培养。公共基础课程是实现育人功能的基础，需要依据专业的特色进行系统规划。

专业群职业基础课程和职业能力课程的建设需要突出课程思政的理念。职业基础课程和职业能力课程在保证专业技能、专业知识培养的同时，需要融入爱国情怀、社会公德意识和职业素养元素，这样才可以使学生获得可持续发展的能力。

职业基础课程和职业能力课程的开发、建设需要融入最新的职教理念，对接"1＋X"证书制度，对课程进行基于工作过程的项目化重构，实现书证融通，提高人才培养的灵活性和适应性。

(四) 深化课程思政，实施金课建设工程

1. 建立优质教学资源建设标准

建设团队依托政府、学校、行业、企业丰富和全面的职业标准资源，完善专业群课程资源建设标准。成立专业群课程资源开发团队，制定专业群教学标准、课程资源建设标准、资源开发与建设管理规范。根据工业互联网产业，分析工业互联网产业岗位核心能力，明确课程定位与目标，根据岗位所需知识点与技能点选取课程内容，与企业共同制定、实施、完善课程评价标准。注重学生工匠精神的培育，引入工业互联网行业新技术、新工具和新流程，融合职业能力认证内容，建成一套专业群核心课程标准。

2. 课程思政全面融入课程建设

2020年6月，教育部印发《高等学校课程思政建设指导纲要》（以下简称《纲要》，教育〔2020〕3号），全面推进高校课程思政建设。《纲要》指出，全面推进高校课程思政建设是深入贯彻习近平总书记关于教育的重要论述和全国教育大会精神、落实立德树人根本任务的战略举措，高校要深化教育教学改革，充分挖掘各类课程思想政治资源，发挥好每门课程的育人作用，全面提高人才培养质量。

建设团队科学设计课程思政教学体系，根据不同课程的特点和育人要求，在公共基础课、专业课、实践类课程中形成全面课程思政的课程建设目标。在专业群建设期内，制定课程思政建设要求和目标，在所有课程中体现教育部对课程思政建设的总体目标和重点内容。

3. 校企共同开发优质课程资源

为体现优质课程资源对接职业标准，实现课程资源的案例化、项目化，建设团队强化课程内容的任务驱动、项目导向，并配合线上线下混合式教学，将课程资源数字化、平台化，整合现有专业课程资源、企业项目案例等资源，对接工业互联网产业岗位需求，联合华为、思科、H3C、联想、Oracle等国内外知名企业。建设团队依据课程标准，分析职业工作过程，建设优质教学资源，通过在线课程平台，为学习者提供测验、作业、考试、答疑、讨论等教学活动，及时开展在线指导与测评。建成在线开放课程8门、培训课程4门、双语课程6门。

专业群的发展必须紧扣区域产业的发展情况，深入产教融合，突出产业在专业群课程建设中的核心地位和作用。理清专业群专业链和产业链的逻辑关系，

确定专业群人才培养定位，明确专业群内各专业的逻辑关系，只有这样，才能更好地推动课程体系的构建。

第三节 专业群课程体系案例

下面以苏州工业园区服务外包职业学院计算机网络技术专业群为例，介绍该专业群核心专业人才培养方案中涉及的课程体系。

苏州工业园区服务外包职业学院
2022级计算机网络技术专业人才培养方案

一、基本信息

专业代码	510202	专业名称	计算机网络技术
专业带头人		企业带头人	
专业负责人		制定日期	
所属专业群	计算机网络技术专业群	紧密合作企业	

注：在职业教育专业目录（2021年）中，计算机网络技术专业代码变更为510202，原专业代码为610202。

二、入学要求

普通高级中学毕业、中等职业学校毕业或者具备同等学力。

三、修业年限

3—5年。

四、职业面向

所属专业大类 （代码）	所属专业类 （代码）	对应行业 （代码）	主要职业类别 （代码）	主要岗位群或 技术领域举例
电子信息大类 （51）	计算机类 （5102）	互联网和相关服务（64） 软件和信息技术服务业65）	信息和通信工程技术人员（2-02-10） 信息通信网络维护人员（4-04-02） 信息通信网络运行管理人员（4-04-04）	网络售前技术支持 网络应用开发 网络系统运维 网络系统集成

五、培养目标

本专业培养理想信念坚定，德智体美劳全面发展，具有一定的科学文化水平，良好的人文素养、职业道德和创新意识，精益求精的工匠精神，较强的就业能力和可持续发展的能力，掌握本专业知识和技术技能，面向事业单位、网络工程公司、系统集成公司、网站开发企业等行业的网络工程师、弱电工程师、系统管理员、网站管理员、云计算工程师、云系统管理员等职业群，能够从事信息服务外包、IT客户技术支持、网络组网与工程实施、IT产品售前与售后支持等工作的高素质技术技能跨界融合型人才。

六、培养规格

本专业毕业生应在素质、知识和能力等方面达到以下要求。

（一）素质目标

（1）坚定拥护中国共产党的领导和我国社会主义制度，在习近平新时代中国特色社会主义思想指引下，践行社会主义核心价值观，具有深厚的爱国情感和中华民族自豪感。

（2）崇尚宪法、遵法守纪、崇德向善、诚实守信、尊重生命、热爱劳动、履行道德准则和行为规范，具有社会责任感和社会参与意识。

（3）具有质量意识、环保意识、安全意识、信息素养、工匠精神、创新思维、全球视野。

（4）勇于奋斗、乐观向上，具有自我管理能力、职业生涯规划的意识，有较强的集体意识和团队合作精神。

（5）具有健康的体魄、心理和健全的人格，掌握基本运动知识和1~2项运动技能，养成良好的健身与卫生习惯，以及良好的行为习惯。

（6）具有一定的审美和人文素养，能够形成1~2项艺术特长或爱好。

（二）知识目标

（1）掌握必备的思想政治理论、科学文化基础知识和中华优秀传统文化知识。

（2）熟悉与本专业相关的法律法规以及环境保护、安全消防、文明生产等知识。

（3）掌握IT基础、网络基础、操作系统等基础知识。

（4）掌握主流网络厂商，如思科、华为、锐捷等网络设备的配置命令。

(5) 掌握 Windows 和 Linux 等主流操作系统的配置。

(6) 掌握云计算相关技术、主流云平台的搭建技术。

(7) 掌握网络工程的规划与设计等流程。

(三) 能力目标

(1) 具有探究学习、终身学习、分析问题和解决问题的能力。

(2) 具有良好的语言、文字表达能力和沟通能力。

(3) 具有良好的团队合作和创新能力。

(4) 具有主流网络设备的管理与维护能力。

(5) 具有计算机软件、硬件和操作系统的管理能力。

(6) 具有网络的规划与设计、网络工程项目管理的能力。

七、课程设置及学时、学分安排

(一) 课程设置

本专业课程主要包括公共基础课程和专业课程。

1. 公共基础必修课（14 学分）

课程号	课程名	周学时	学分	开课学期
GE1001R	思想道德与法治	3	3	1
GE2001R	毛泽东思想和中国特色社会主义理论体系概论	4	4	2
GE1002R	体育与健康	2	2	1
GE1003R	军事理论与技能训练	2	2	1
GE2500R	形势与政策	1	1	1—2
OC1001F	大学生心理健康教育	2	2	1

2. 专业（群）必修课（16 学分）

课程号	课程名	周学时	学分	开课学期
EL1846X	C 语言程序设计	4	4	1
EL1827X	信息技术素养	2	2	1
EL1402X	计算机网络基础	4	4	1
EL2829X	Python 程序设计 I	2	2	2
EL2406X	Windows Server 操作系统管理	4	4	2

说明：专业群平台课程以专业（群）必修课程为主要载体推进课程思政，开展劳动教育，其中劳动精神、劳模精神、工匠精神专题教育不少于 16 学时。

3. 专业（群）实践课（22学分）

课程号	课程名	周学时	学分	开课学期
EL2402X	操作系统配置管理实训	2	2	2
EL3404X	局域网组网实训	2	2	3
EL3458X	Linux服务器配置与管理实训	2	2	4
EL3842X	Python应用开发实训			
EL3406X	网站建设与维护实训			
EL3407X	网络应用技能实训			
PC1001X	认知、跟岗实习	8	4	2—5
PC2001X	顶岗实习	12	6	5—6
PC3001X	毕业设计（论文）	12	6	5—6

4. 专业限选课（22学分）

专业方向	课程号	课程名	周学时	学分	开课学期
IT服务	EL2430X	CCNA R&S-Routing Essentials	4	4	2
	EL3429X	CCNA R&S-Switching Essentials	2	2	3
	EL3428X	CCNA R&S-Connecting Networks	2	2	3
	EL3408X	CCNA Security	4	4	3
	EL3829X	Python程序设计Ⅱ	2	2	3
	EL3452X	WLAN网络技术应用	2	2	4
	EL3444X	RCNA认证培训	2	2	4
	EL3445X	RCNP认证培训	2	2	4
	EL3456X	服务器虚拟化运维实践	2	2	4
H3C云网融合	EL2451X	H3C网络路由技术	4	4	2
	EL3437X	H3C网络交换技术	2	2	3
	EL3457X	网络安全技术	4	4	3
	EL3455X	H3C认证培训	2	2	3
	EL3456X	服务器虚拟化运维实践	2	2	4
	EL1037X	前端技术开发Ⅰ	2	2	4
	EL3021X	PHP程序设计	4	4	4
	EL2203X	MySQL数据库技术	2	2	4

续表

专业方向	课程号	课程名	周学时	学分	开课学期
融合网络	EL3429X	CCNA R&S-Switching Essentials	2	2	3
	EL3428X	CCNA R&S-Connecting Networks	2	2	3
	EL3408X	CCNA Security	4	4	3
	EL3452X	WLAN 网络技术应用	2	2	4
	EL3416X	云计算应用技能实践	4	4	4
	EL3414X	网络攻防技能实践	4	4	4

5. 通选课（46 学分）

类别	课程号	课程名	周学时	学分	开课学期
职业素养	GE1509R	弟子规与职业素养	2	2	1—4
	GE1001F	职业发展与就业指导	2	2	1—4
	CM1267S	创新创业基础	2	2	1—4
体育	FI1098S	体育选项——篮球	2	2	2—3
	FI1100S	体育选项——足球	2	2	2—3
	GE2504R	体育选项——网球	2	2	2—3
	GE1504R	体育选项——健美操	2	2	2—3
	FI1099S	体育选项——武术	2	2	2—3
	GE1506R	体育选项——武术与防身术	2	2	2—3
美育	OC2002J	艺术鉴赏	2	2	—
	OC1009J	音乐鉴赏	2	2	—
劳动教育	OC2001J	劳动教育概述	1	1	—
	OC1157J	劳动通论	1	1	—
生物医药	GE2010N	生物医药理论基础	2	2	1
	GE2510N	基因工程技术	2	2	2
	GE2511N	微生物致病与防疫	2	2	3
	GE2512N	药品生产质量管理	2	2	4
外语	GE1001X	大学英语Ⅰ	4	4	1
	GE2001X	大学英语Ⅱ	4	4	2
	GE3001X	大学英语Ⅲ	2	2	3
	GE1002X	日语Ⅰ	4	4	1
	GE2002X	日语Ⅱ	4	4	2
	GE3002X	日语Ⅲ	2	2	3
	FI1044S	韩语Ⅰ	4	4	1
	FI2045S	韩语Ⅱ	4	4	2
	FI3046S	韩语Ⅲ	2	2	3

续表

类别	课程号	课程名	周学时	学分	开课学期
专业（群）拓展课	EL2428X	Linux 系统管理	4	4	2
	GE1159X	网络系统建设与运维	4	4	3/4
任选课	GE1008J	中国文化心理学	2	2	—
	GE1009F	团体心理辅导与自我成长	2	2	—
	FI4077S	高等数学	2	2	—
	EL1226N	IT 素养	2	2	—
	CM1267S	创新创业基础	2	2	—
	CM1268S	吴文化鉴赏	2	2	—
	CM1370S	商务沟通	2	2	—
……	……	各类别课程具体参照选课清单	2	2	—

（二）各类课程学时、学分安排

课程类别		学分	占教学活动总学分比例	每学分课时	学时	占教学活动总学时比例	实践学时	实践学时占本类学时比例
公共基础必修课		14	10.77%	16	224	8.66%	112	50.00%
专业（群）必修课		16	12.31%	16	256	9.89%	128	50.00%
专业（群）实践课	学期项目	6	4.62%	30	180	6.96%	180	100.00%
	毕业实践	16	12.31%	40	640	24.73%	640	100.00%
专业限选课		22	16.92%	16	352	13.60%	176	50.00%
通选课	职业素养	4	3.08%	16	64	2.47%	32	50.00%
	体育	4	3.08%	16	64	2.47%	32	50.00%
	美育	2	1.54%	16	32	1.24%	16	50.00%
	劳动教育	2	1.54%	16	32	1.24%	16	50.00%
	生物医药	4	3.08%	16	64	2.47%	32	50.00%
	外语	10	7.69%	16	160	6.18%	80	50.00%
	专业（群）拓展课	8	6.15%	16	128	4.95%	64	50.00%
	任选课	12	9.23%	16	192	7.42%	96	50.00%

续表

课程类别		学分	占教学活动总学分比例	每学分课时	学时	占教学活动总学时比例	实践学时	实践学时占本类学时比例
课外实践	德育	5	3.85%	20	100	3.86%	100	100.00%
	劳育	5	3.85%	20	100	3.86%	100	100.00%
合计		130	100.00%		2 588	100.00%	1 804	69.7%

说明：本表规定了各类别课程修满最低学分要求。

八、学分要求与毕业条件

本专业学生必须达到下列要求方可毕业。

（1）在校期间完成规定课程学习且成绩合格，修满 130 学分。

（2）获得以下专业技能证书的至少一项。

① 证书名称：工业和信息化部程序员资格证书。发证单位：工业和信息化部教育与考试中心。

② 证书名称：工业和信息化部网络管理员资格证书。发证单位：工业和信息化部教育与考试中心。

③ 证书名称："1＋X"证书制度相关证书。发证单位：工业和信息化部教育与考试中心。

④ 证书名称：思科网络认证工程师 CCNA 或以上认证资格。发证单位：思科网络系统公司。

⑤ 证书名称：H3C 认证网络工程师 H3CNE 或以上认证资格。发证单位：新华三技术有限公司。

⑥ 证书名称：锐捷网络工程师 RCNA 认证。发证单位：锐捷网络股份有限公司。

⑦ 证书名称：国家信息技术紧缺人才培养工程职业技能证书。发证单位：工业和信息化部教育与考试中心。

⑧ 参加校级及以上技能竞赛，获得校级一等奖及以上证书，或者参加学院认定的同等资格的技能竞赛的获奖证书。

⑨ 经过学院认定的同等资格职业技能鉴定证书。

第四节 专业群课程标准案例

下面以苏州工业园区服务外包职业学院计算机网络技术专业群为例,介绍该专业群核心专业人才培养方案中涉及的相关课程。

"思想道德与法治"课程标准

一、课程定位

"思想道德与法治"是中宣部、教育部在全国高校统一开设的公共必修课,该课程以马列主义、毛泽东思想和中国特色社会主义理论体系、习近平新时代中国特色社会主义思想为指导,以培养时代新人为主线,引领大学生科学认识人生,加强道德修养,增强法治观念,树立正确的世界观、人生观和价值观,为高职各专业人才培养目标的实现、高职学生成长成才和长远发展打下坚实的思想基础。

后续课程:毛泽东思想和中国特色社会主义理论体系概论、形势与政策、就业指导、大学生心理健康等。

二、课程目标

本课程主要帮助学生树立正确的世界观、人生观和价值观,厚植爱国主义情怀,养成良好的思想道德修养和法治素养,树立坚定的政治方向和远大的人生志向,坚定中国特色社会主义的道路自信、理论自信、制度自信、文化自信,认同并践行社会主义核心价值观。使学生成为具有崇高的理想信念、人格完善的社会人;具有良好的职业道德和职业素质,符合企业要求的高素质高技能的职业人;能够积极投身实践,为实现中华民族伟大复兴而不懈奋斗,符合国家民族发展需要的时代新人。

1. 知识目标

(1)认识大学生活和高职生活的特点,了解高职教育的内涵、特征、发展趋势,明确本课程的性质和目的。了解"中国特色社会主义新时代是我国发展新的历史方位",依据时代大背景和社会大舞台确立自己新的成长与发展目标,把个人立业成才的追求与复兴中华民族的伟大事业结合起来。

（2）学生通过系统学习人生观、价值观理论，掌握利用马克思主义分析和理解人生问题时的基本立场和基本观点，引导学生深入思考有关人生是什么、人生意义是什么等基本问题。

（3）了解理想信念、共同理想的含义和特征，了解理想信念对大学生成才的重要意义，把握实现理想需要具备的基本条件，能够认清个人理想和社会理想之间的关系，增强马克思主义、共产主义的信仰。

（4）深刻理解爱国主义内涵和中国精神的科学内涵。

（5）深刻领会社会主义核心价值观的重要意义和科学内涵，懂得社会主义核心价值观是当代中国精神的集中体现，凝结着全体人民共同的价值追求。

（6）了解社会主义道德基本理论、中华民族优良道德传统、公共生活、职业生活、家庭生活中的道德规范。

（7）了解社会主义法律的本质特征，领会社会主义法律精神，理解社会主义法律的本质和作用。明确新时期树立的社会主义法治理念的重要意义和法治理念所包含的基本内容。懂得我国宪法确立的基本原则和制度，从整体上了解我国社会主义法律体系的基本框架，理解中国特色社会主义法律体系的形成、特征及构成，了解公民在法律关系中的权利和义务。

2．能力目标

（1）能够在了解大学生活和高职生活特点的基础上，深刻认识大学生的历史使命，引导大学生在新时代大背景下思考人生，珍惜历史机遇，肩负光荣使命，坚定理想，勇于担当，主动提升思想道德素质和法律素养，立志为新时代贡献青春力量。

（2）引导学生树立科学的人生观和正确的人生态度，在实践中创造有价值的人生。在科学理论指导下把自己的人生追求同国家发展进步、人民伟大实践紧密结合起来，通过不懈努力实现自己的人生价值。

（3）帮助大学生确立在中国共产党领导下走中国特色社会主义道路，为实现中华民族伟大复兴而奋斗的共同理想和坚定信念，引导大学生坚持社会理想和个人理想的统一，在建设中国特色社会主义、实现中华民族伟大复兴的实践中化理想为现实。

（4）弘扬以爱国主义为核心的民族精神，坚持爱国主义和社会主义的统一，弘扬以改革创新为核心的时代精神，努力践行社会主义荣辱观。把爱国之情、报国之志化为效国之行，努力做忠诚的爱国者和走在时代前列的奋进者，用实际行动展现出中国精神的青春风采。

（5）自觉践行社会主义核心价值观，努力成为培育和弘扬社会主义核心价值观最积极、最活跃、最充分的先进青年。

（6）树立正确的道德观，自觉传承中华传统美德和中国革命道德，积极吸收、借鉴人类优秀道德成果，遵守公民道德准则，在投身崇德向善的实践中不断提高道德品质。

（7）树立社会主义法治理念，增强维护社会主义法律权威的自觉性，增强对社会主义法律制度的认同感和维护法律尊严的责任感。

3. 素质目标

（1）通过课程教学，逐步提高学生走向社会所需要的思想、道德、法治、职业等方面的综合素质。

（2）培养学生树立正确的世界观、人生观和价值观。

（3）培养大学生树立坚定的政治方向和远大的人生志向，坚定中国特色社会主义的道路自信、理论自信、制度自信、文化自信，自觉践行社会主义核心价值观。

（4）培养学生具备基本的法律意识，加强学生的法治素养。

三、课程设计

1. 课程设计理念

本课程以培养时代新人为主线，以世界观、人生观、道德观、价值观、法治观教育为核心来展开教学内容，依据大学生成长成才规律，综合运用相关学科知识，教育、引导大学生加强世界观、人生观、价值观、道德观和法治观修养。学科教学坚持以学生为中心，以能力培养为根本，以素质提升为基石，形成以小组为单位，以项目为支撑，以任务为驱动的项目制教学理念。

本课程根据教学内容的内在逻辑关系，将教学内容分为四大板块，分别是适应篇、思想篇、道德篇、法律篇。每一模块分别对应不同的实践项目，将班级学生分成若干个小组，在老师的指导下，以学生为主体，以项目任务带动理论教学，理论教学中穿插项目，让学生在实践中学习，在小组合作完成项目的同时培养学生素质，提升学生的能力，培养高素质应用型人才。

2. 课程实施思路

本课程以提高学生思想道德素质和法治素养为出发点，课程设计思路从教师为中心向学生为中心转变。具体而言，第一，课程采用课堂讲授与课下学习相结合、课堂大班授课与课下小组任务相结合、理论讲授与课内课外教学实践相结合的"课堂教学、网络教学、实践教学"三位一体的教学模式。第二，教学内容结合具体的时政内容、鲜活的案例故事，促进高职生全面发展核心素养。第三，在教学方法的选取上主要采用启发式、探究式、讨论式、参与式、案例式、分组学习等多种教学方法增强学生学习兴趣，课堂教学采用多媒体教学手段增强教学的吸引力。第四，课程考核注重教学过程与实践项目完成状况。

为了适应全面推进素质教育的要求，进一步改革和加强思想政治理论课教学，根据统一教学计划的规定，"思想道德与法治"课程安排了16学时（1学分）用于实践形式的教学。通过实践教学这一环节，学生能够运用所学理论去熟悉历史、认识社会、指导实践，在实践中接受教育，加深对马克思主义基本理论的理解，增强培养良好道德品质的自觉性，锻炼和提高分析问题、解决问题的能力；有利于更好地贯彻理论联系实际的教学原则，进一步增强思想政治理论课教育教学的针对性、实效性和吸引力、感染力，进一步提高思想政治理论课的教学质量和教学效果。

四、课程结构

教学模块	教学单元	教学专题	学时分配		
			理论	实践	总计
入学教育篇	绪论	专题1　大学及大学生活	4	2	6
		专题2　担当复兴大任时代新人			
思想觉悟篇	领悟人生真谛　把握人生方向	专题3　人生观教育	16	6	22
	追求远大理想　坚定崇高信念	专题4　理想信念教育			
	继承优良传统　弘扬中国精神	专题5　爱国主义教育			
	明确价值要求　践行价值准则	专题6　核心价值观教育			
道德素养篇	遵守道德规范　锤炼道德品格	专题7　道德与优秀道德成果	8	2	10
		专题8　社会公德教育			
		专题9　职业道德与家庭美德			
法治素养篇	学习法治思想　提升法治素养	专题10　法律基础知识教育	8	2	10
		专题11　坚持全面依法治国			
		专题12　宪法教育			
		专题13　法治思维与法治素养			
总计（其中实践教学学时比例为25%）			36	12	48

五、考核评价

坚持评考结合、以评为主的原则。重视过程性考核，将整个课程的考核分散在每一章、每一个项目中进行，以教学过程中项目的完成情况为依据进行评价，将考核工作放在教学过程中，课程结束，考核完成。学生学习评价体系兼顾学生的学习态度、学习能力，以及学生的综合素质、团队协作等多个方面，各自占有一定比例，重视学生学习态度和日常表现，强化能力培养。

本考核方案采用定性和定量标准，并尽可能将定性指标定量化。具体见下表。

考核指标	主要观测点	评价主体	分值	项目比重	备注
学习态度	出勤情况	教师	100分	20%	
	课堂表现				
团队协作	1. 我向学长来取经 2. 关于理想 3. 我的一次志愿服务活动 4. 校园不文明行为调查报告 5. 中华民族传统道德汇报 6. 宪法知识竞赛 7. 普法短剧 8. 模拟法庭（选做）	教师组员	100分	60%	
期末考核 自我鉴定	个人总结 自我评价	教师 学生	100分	20%	

"计算机网络基础"课程标准

一、课程定位

"计算机网络基础"课程是计算机网络技术专业的职业知识课程，是该专业的必修课程之一。计算机网络技术作为计算机技术与通信技术相结合并迅速发展的一门学科，是当今计算机应用的主要平台和计算机应用的重要发展方向之一，了解和应用计算机网络已成为当今大学生必备的知识范畴和技能。本课程是在学生已经学习了职业技术基础课程和职业基本技能课程的基础上开设的，使学生掌握计算机网络和通信的基本原理和各种实用技术，熟悉网络环境、贯穿网络互联技术中涉及的网络基础知识、介质访问技术、IP寻址及分配设计、交换与桥接技术、交换机和路由器的入门配置、路由协议及网络应用服务等内容。教学应突出计算机网络基础理论和实用技术，并介绍网络的最新技术和发展的趋势。通过对本课程的理论学习与实验操作，学生能够具备网络技术的基本专业素养，并为学习路由与交换、高级网络管理、CCNA、局域网组网实训等后续职业课程打下基础。

二、课程目标

依据岗位工作需要，结合专业人才培养需要，科学、合理地确定课程培养目标，明确学生的知识、能力和素质的基本要求，着力培养学生的创新精神和实践能力，增强学生的职业适应能力和可持续发展能力。

1. 知识目标

（1）了解计算机网络的发展历史与概况。

（2）理解计算机 IP 地址的相关知识，掌握 IP 地址的配置方法。

（3）理解计算机 MAC 地址的相关知识。

（4）理解网络七层参考模型及每层模型的主要功能。

（5）理解直通线与交叉线的原理。

（6）掌握点对点网络的特点和创建方法。

（7）掌握交换机的基本配置过程及交换机的基本管理功能。

（8）掌握使用 Windows 计算器计算网络地址的方法。

（9）理解网络基本应用协议、基本小型局域网的搭建过程与关键配置。

2. 能力目标

（1）掌握双绞线连接技术中直通线与交叉线的制作方法，能使用工具制作直通线与交叉线。

（2）掌握点对点网络的创建方法和相关配置。

（3）掌握交换机的基本配置，能够按照功能说明书，进行交换机的基本管理。

（4）能够计算网络地址。

（5）能够根据网络需求，完成基本小型局域网的搭建。

3. 素质目标

（1）通过课程教学与项目实践，开拓学生职业视野，了解企业项目基本工作流程。

（2）逐步提高学生走向 IT 领域所需的综合职业技能和职业素质。

（3）培养学生良好的职业认同感与职业价值观，提高团队协作意识与归属感，锻炼与养成敬业精神，更好地促进高职学生成长、成才和终身发展。

(4) 培养学生具备自主学习能力和主动学习意识。

(5) 培养学生具有健康的生活习惯、积极的人生态度、正确的人生观。

(6) 培养学生高度的社会责任感和国家认同感。

(7) 培养学生具备坚定的理想信念。

三、课程设计

1. 课程设计理念

本课程以对计算机网络技术（网络服务方向）人才的能力需求为导向，针对高职学生的认知特点，以典型网络设备模拟器为载体，按照项目功能与主题，布置任务与要求，让学生创建实际网络拓扑与应用场景，并完成相关配置，以实现教学与实训的统一。每个项目采用以学生为中心、基于任务分析与布置的项目驱动式教学方法，项目蕴含的核心技能用若干生动、直观的案例进行导入，形成从简单到复杂的系统化教学，突出学生的教学主体作用，重视职业能力的培养，充分体现课程教学的职业性、实践性和开放性。让学生在接近真实网络设备与拓扑的环境中，逐步掌握网络基础概念与实用的操作技能。

2. 课程实施思路

本课程遵循"学生主体，教师主导"的教学理念，采用线上线下混合式教学模式，通过引入生活中的案例，激发学生的学习兴趣。基于课程教学需要，设计了"课前启化、课中内化、课后转化"三个阶段，同时将思想政治教育和岗位技能积累有机统一，推进"三全育人"，打造"守初心、铸匠魂、强技能"的高效课堂教学模式。

课程教学打破传统的强调"基础"和"贪大求全"的教学观念，以能力培养为出发点，以具备计算机网络必备基础为教学目标，深化教学内容的改革，优化教学内容体系。课堂教学以网络体系结构和 IP 子网划分为主，网络设备和协议教学为辅。理论教学以网络体系结构为重点，以"够用""必需"为标准，在掌握必要的理论知识上，重点讲授如何利用 Packet Tracer 模拟器追踪和分析网络报文，使学生能更好地理解理论知识与实现的关系。

四、课程结构

序号	项目/模块	任务/主题	学时分配		
			理论	实践	总计
1	项目一 探索计算机网络	计算机网络的发展	1	1	4
		计算机网络的基本概念	1	1	
2	项目二 配置网络操作系统	思科网络设备	1	1	4
		思科 IOS 基本操作	0	2	
3	项目三 网络体系结构与协议	OSI 参考模型基本概念	6	2	12
		常用网络命令的使用	0	2	
		ARP 原理及仿真实验	0	2	
4	项目四 局域网技术	局域网的基本概念	1	1	12
		以太网与 IEEE 802 标准	2	0	
		局域网网络设备	1	1	
		局域网基本实验	0	2	
		无线局域网基本概念	1	1	
		无线 AP 与无线路由器	1	1	
5	项目五 IP 寻址与子网划分	IP 地址基本概念	1	1	22
		IP 地址分类和用途	1	1	
		IPv4 地址子网划分	4	4	
		IPv6 地址基本概念	2	2	
		IPv6 地址应用与配置	1	1	
		IPv6 地址子网划分	2	2	
6	项目六 应用服务与协议	应用层基本概念	2	0	10
		DNS 基本概念与应用	1	1	
		DHCP 基本概念与应用	1	1	
		创建与管理 Web 站点	1	1	
		使用 FTP 服务	1	1	
总计(其中实践教学学时比例为 50%)					64

五、考核评价

基本考核方法：通过考勤、作业、实验、课堂表现、在线课程学习与测试等评定学生平时成绩（占50%），通过闭卷考试评定学生理论成绩（期末考试占50%）。根据平时成绩与理论成绩综合评价学生成绩。

（1）改革传统的学生评价手段和方法，采用阶段评价、目标评价、项目评价、理论与实践一体化评价模式。

（2）关注评价的多元性，结合考勤、课堂问答、学生作业、实验实训、技能竞赛及考试情况，综合评价学生成绩。

（3）注重学生职业素质、岗位技能和专业知识的综合性评价，着重培养学生的综合素质，并且评价体系全面、可控、可行。

（4）注重学生创新能力的培养，对具有独特创意的学生予以特别鼓励。

考核评价具体见下表。

考评方式	过程考核（50分）					期末考试（50分）
	考勤	作业	实验	课堂表现	在线课程学习与测试	在线考试
	10分	10分	10分	10分	10分	50分
考评标准	迟到扣0.5分 旷课扣2分	A档不扣分 B档扣0.5分 C档扣1分 D档扣2分	A档不扣分 B档扣1分 C档扣2分 D档扣3分	根据课堂知识讲解、问题回答情况打分 A档不扣分 B档扣1分 C档扣3分	根据微课学习进度和单元测试情况，系统自动评分	根据卷面实际得分，折合为50分，最终确定总成绩

"Linux 系统管理" 课程标准

一、课程定位

"Linux 系统管理"课程是计算机网络技术专业必修的专业基础课。本课程是在学生已经学习了职业技术基础课程和职业基本技能课程的基础上开设的，使学生了解 Linux 操作系统的基本原理，熟悉 Linux 系统安装及基本命令操作，掌握 Linux 系统管理及常用服务的部署等综合职业素质和职业技能，为今后学生的顶岗实习及从事专业工作打下基础。

二、课程目标

依据岗位工作需要，结合专业人才培养需要，科学、合理地确定课程培养目标，明确学生的知识、能力和素质的基本要求，着力培养学生的创新精神和实践能力，增强学生的职业适应能力和可持续发展能力。

1．知识目标

（1）了解 Linux 操作系统的概念以及 Linux 的组成及特点。

（2）了解 Linux 操作系统五大管理任务和功能。

（3）掌握 Cent OS 7.6 安装方法、启动过程和运行级别。

（4）了解 Linux 文件结构和命令。

（5）掌握 Linux 的目录、文件、权限、用户及用户组管理。

（6）掌握 Linux 文件连接、重定向和管道等基本操作技术。

（7）掌握磁盘管理、控制管理和其他系统管理的方法。

（8）理解常用网络服务的基本概念、工作原理和工作过程。

2．能力目标

（1）了解 Linux 操作系统的各个模块。

（2）熟练掌握 Cent OS 7.6 的安装方法和基本操作技术。

（3）熟练掌握虚拟机的安装方法。

（4）熟练掌握文件与目录管理的相关命令。

（5）熟练掌握权限、用户和组的管理。

（6）熟练掌握重定向和管理的使用方法。

（7）熟练掌握查看磁盘空间的相关命令。

（8）熟练掌握文件的压缩与归档方法。

（9）熟练使用 yum 管理软件包。

（10）熟练掌握常用网络服务器的安装、启停、服务端配置和客户端验证方法。

3．素质目标

（1）通过课程教学与项目实践，开拓学生职业视野，了解企业项目基本动作流程。

（2）逐步提高学生走向 IT 领域所需的综合职业技能和职业素质。

（3）培养学生良好的职业认同感与职业价值观，提高团队协作意识与归属感。

（4）锤炼敬业精神，更好地促进高职学生成长、成才和终身发展。

4. 思政目标

（1）培养学生具备自主学习能力和主动学习意识。

（2）培养学生具有健康的生活习惯、积极的人生态度、正确的人生观。

（3）培养学生高度的社会责任感和国家认同感。

（4）培养学生具备坚定的理想信念。

三、课程设计

1. 课程设计理念

本课程以对计算机网络技术（计算机网络应用）人才的能力需求为导向，针对高职学生的认知特点，以企业的典型项目或学生创新项目为载体，主要讲授 Linux 系统的安装、基本操作、系统管理、常用服务的部署、系统安全与管理等内容。课程围绕工程实践中的具体案例进行分析，突出学生的教学主体作用，重视职业能力的培养，充分体现课程教学的职业性、实践性和开放性，从各个方面提高学生专业岗位的综合职业技能和职业素质。

2. 课程实施思路

本课程遵循"学生主体，教师主导"的教学理念，采用线上线下混合式教学模式，通过引入生活中的案例，激发学生的学习兴趣。基于课程教学需要，设计了"课前启化、课中内化、课后转化"三个阶段。同时，课程将思想政治教育和岗位技能积累有机统一，推进"三全育人"，打造"守初心、铸匠魂、强技能"的高效课堂教学模式。

本课程的具体设计思路有以下三点。

（1）根据企业对员工的岗位技能要求设计教学目标。

（2）以项目任务模块为单元构建课程内容。

（3）针对高职教育特点和计算机网络技术专业特点构建教学模式、教学方法，在完成任务的过程中培养学生的职业能力，满足学生就业和职业发展的需要。

四、课程结构

序号	项目/模块	任务/主题	学时分配		
			理论	实践	总计
1	项目一 Linux 操作系统概述	认识 Linux 操作系统	1	0	4
		安装 Cent OS 7.6 操作系统	1	2	
2	项目二 Linux 基本概念与常用命令	Linux 常用命令	1	3	10
		vim 编辑器	2	4	
3	项目三 Linux 基础配置与管理	理解磁盘分区管理	2	4	18
		用户与用户组管理	2	4	
		管理文件权限	2	4	
4	项目四 网络与安全服务	配置网络	1	2	6
		配置防火墙	1	2	
5	项目五 网络服务器配置与管理	Samba 服务器配置与管理	1	3	26
		DHCP 服务器配置与管理	1	4	
		DNS 服务器配置与管理	2	4	
		Apache 服务器配置与管理	1	4	
		FTP 服务器配置与管理	2	4	
总计（其中实践教学学时比例为 69%）					64

五、考核评价

基本考核方法：通过考勤、作业、实验、课堂表现、在线课程学习与测试等评定学生平时成绩（占 60%），通过闭卷考试评定学生理论成绩（期末考试占 40%）。根据平时成绩与理论成绩综合评价学生成绩。

（1）改革传统的学生评价手段和方法，采用阶段评价、目标评价、项目评价、理论与实践一体化评价模式。

（2）关注评价的多元性，结合考勤、课堂问答、学生作业、实验实训、技能竞赛及考试情况，综合评价学生成绩。

（3）注重学生职业素质、岗位技能和专业知识的综合性评价，着重培养学生的综合素质，并且评价体系全面、可控、可行。

（4）注重学生创新能力的培养，对具有独特创意的学生予以特别鼓励。

"弟子规与职业素养"课程标准

一、课程定位

"弟子规与职业素养"课程是苏州工业园区服务外包职业学院在全国首次开发和开设的一门必修课,是苏州工业园区服务外包职业学院所有专业学生进入大学后必须掌握的一门文化与职业素养课程,是培育高职高专学生人文素质,对其人文修养和职业行为习惯起明显促进作用的课程。本课程是对高职传统职业素养教学的一项改革,也是对传统研究型大学重在研究型人才培养模式的反思。学生不再枯燥、机械地被动接受职业素养,而从传统文化认识入手,特别通过弟子规行为规范养成的激发,强化了主体意识,诱发了探究动机,人文教育和职业素养教育并行发展。

"弟子规与职业素养"课程教学承担着培养学生做人的基本素质(如尊重他人、具有责任心、注重职场细节、学会控制情绪和缓解压力、具备沟通与合作能力、养成职业礼仪习惯等)的任务。为此,本课程从培养面向服务外包产业高素质技能型人才的具体要求出发,配合专业课程教育,着重培养高职学生良好的职业素质意识和行为习惯,使之具有良好的责任心、情绪控制能力、沟通合作能力、职业礼仪习惯、学习力、正向思维习惯等,为高职各专业人才培养目标的实现以及高职学生成长、成才和终身发展打下坚实的基础。

二、课程目标

"弟子规与职业素养"课程的目标是阐释《弟子规》中的儒家思想意义,发掘其现代价值,并将其与现代服务外包企业理念结合,特别是对正在发展和完善中的现代职业素养规范进行考察和梳理,找出这些规范和传统思想的相通性,明确服务外包从业人员素养规范,找出与《弟子规》行为规范的契合点。

以"弟子规与职业素养"的理论框架与规范体系为基础,设计教学模块,引领教学实践,对高职学生进行儒家文化的教育、社会实践教育、劳动教育,培养学生传统的儒家道德情操和良好的道德品质,教育学生学会做人,学会做事。

1. 知识目标

(1)了解"入则孝与敬业尊重篇"有关内容,掌握儒家"在家"规范。

(2)了解"出则悌与沟通合作篇"有关内容,掌握儒家"出外"思想。

(3) 了解"谨、信与职业礼仪篇"有关内容，掌握儒家"待人"基本礼仪和技巧。

(4) 了解"泛爱众、亲仁与情绪控制/压力缓解篇"有关内容，掌握儒家"接物"精神。

(5) 了解"余力学文与学习力篇"有关内容，掌握儒家"学习力"技巧规范。

2. 能力目标

(1) 能践行尊重他人规范；在学习实践过程中做到敬业、有责任心、注重细节、用阳光心态看待问题等。

(2) 具备团队协作能力、解能力与表达能力。

(3) 学会第一印象管理、表情管理、语言管理、服饰妆容管理、肢体语言管理、气质管理、时间管理和诚信管理，并处理生活中的问题。

(4) 有良好的情绪控制能力；能用感恩心态看待他人和事物；能用同理心看待问题和事物。

(5) 具备一定的工作方法、自学能力；能用正向思维看待问题；能学会整理、整顿，养成良好的工作习惯。

3. 素质目标

(1) 通过课程教学和实践，培养学生终身受用的中国传统人文素养、美德和先进的服务外包职业素养理念和灵性修养，促进学生不断自我修炼，逐步提高走向社会所需要的身心、行为习惯等综合人文素质。

(2) 通过课程教学和实践，培养学生工作中能从大局着想、在与人交往中能主动沟通和换位思考、为人持重、洁身自好、积极向上的人文精神。

(3) 通过课程教学和实践，促进高职学生树立终身学习的意识和能力。

4. 思政目标

(1) 通过课程教学和实践，训练学生批判继承的意识和方法，对待传统能取其精华弃其糟粕，培养学生独立思考的精神。

(2) 通过课程教学和实践，训练学生能以发展的眼光，实事求是地看待问题。

(3) 通过课程教学和实践，培养学生能拥有和谐的社会理想、诚信的社会主义核心价值观，懂得和善待人，弘扬真善美，打击假恶丑。

三、课程设计

1. 课程设计理念

本课程根据教学内容的内在逻辑关系,将教学内容分为五大模块,分别是"入则孝与敬业尊重篇""出则悌与沟通合作篇""谨、信与职业礼仪篇""泛爱众、亲仁与情绪控制/压力缓解篇""余力学文与学习力篇"。制定严格的课程考核评价标准,使学生行为规范落到实处。课题组教师制定了《<弟子规与职业素养>项目描述书》《<弟子规与职业素养>学生手册》,通过学习课程的能力目标设定,多元的评价体系,细化的能力目标和项目要求概述,特别是个人职业综合素养的设计,学生在课程学习中能够深刻感受到这门课程的重要性,并积极参加进来。设计教学内容时,以项目带动理论教学,理论教学中穿插项目,突出主题,集中教学资源,使学生真正能在学中有所感悟,并身体力行在面试和工作实践中。

本课程将大量的服务外包实际案例引入教材、教学体系中,每个重要知识点均与实际应用结合起来,有效提高了学生的职业素养能力。以"文化—行为规范—职业素养—实践应用"为基本结构的教学模式有利于充分发挥学生的主体作用,有利于培养学生的学习兴趣,有利于充分挖掘学生的潜力。

2. 课程实施思路

本课程遵循"学生主体,教师主导"的教学理念,采用线上线下混合式教学模式,结合中国大学MOOC上的教学资源,辅以课堂讨论教学,激发学生的学习兴趣。基于《弟子规》文本的七大板块与职业人的基本素养要求,设计了"课前启发、课中激发、课后消化"三个阶段的教学过程。同时将思想政治教育和职业素养教育有机统一,推进"三全育人",打造"寻文化之根、习职场之礼、育有德之人"的高效课堂教学模式。

整个课程由 5 个相对独立的版块构成,32 课时内完成教师与学生互相启发、共同探讨的教学过程。

四、课程结构

序号	项目/模块	任务/主题	学时分配		
			理论	实践	总计
1	模块一 入则孝与敬业尊重篇	须敬听,须顺承——尊重领导和同事 冬则温,夏则凊——富有责任心 亲所好,力为具——以客户为中心 亲憎我,孝方闲——塑造阳光心态思维 亲有过,谏使更——学会换位,懂得兼听则明 丧三年,常悲咽——善于反思	6	0	6
2	模块二 出则悌与沟通合作篇	兄弟睦,孝在中——学会沟通合作 长呼人,即代叫——做到上传下达沟通 对尊长,勿见能——习惯谦逊沟通 骑下马,乘下车——掌握接待客户与沟通技巧 尊长前,声要低——学会眼神与声音沟通	4	0	4
3	模块三 谨、信与职业礼仪篇	朝起早,夜眠迟——学会时间管理,赢得尊重 晨必盥,兼漱口——学会印象管理,塑造第一印象 冠必正,纽必结——学会服饰、妆容管理,着装庄重 步从容,立端正——学会肢体语言管理,举止优雅 凡出言,信为先——学会诚信管理,真诚对待他人 凡道字,重且舒——学会语言管理,言谈得体 见人善,即思齐——善于见贤思齐,升华气质 闻过怒,闻誉乐——学会表情管理,充满自信	6	0	6
4	模块四 泛爱众、亲仁与情绪控制/压力缓解篇	凡是人,皆须爱——掌握情商法则,学会情绪控制 人不闲,勿事搅——学会察言观色,认清自身角色 道人善,即是善——学会优雅的赞扬他人 己不欲,即速已——用同理心看待问题 恩欲报,怨欲忘——要有一颗感恩的心 能亲仁,无限好——不断自我修炼和提高个人素养	6	0	6
5	模块五 余力学文与学习力篇	不力行,但学文——提高学习力 方读此,勿慕彼——拥有积极正向的思维 宽为限,紧用功——掌握目标管理,做好职业规划 磨墨偏,心不端——时刻归零 列典籍,有定处——清洁整顿,养成良好的工作习惯	4	0	4
6	PPT 汇报演讲		6	0	6
	总计(其中实践教学学时比例为 50%)		32	0	32

五、考核评价

线上学习考核占50%。主要是在线课程学习成绩,包括在线课程参与度、在线课程随堂测验、在线课程单元测试以及在线课程在线考试成绩。

1. 考核原则

量化考核原则:学生自评、学生互评与教师评价相结合;定性评价与定量评价相结合;期末考试与平时学习考核相结合;等等。

2. 评价和考核体系构建

评 价 表

姓名:		负责老师:		日期:	
项目名称:					
分值		等级标准		能力水平	
0~30		完全达不到基本要求		能力严重欠缺	
31~50		未达到任务规定的基本要求,操作敷衍了事		能力欠缺	
51~60		在教师指导下能够完成基本任务		能力勉强合格	
61~70		能够完成基本任务的部分内容,但需一定帮助		能力一般	
71~80		能够完成基本任务的全部内容,但偶尔需要帮助和指导		能力良好	
81~90		能够按要求高质、高效地完成基本任务,并能解决遇到的特殊问题		能力优秀	
91~100		有扩展思维,能够举一反三,对知识融会贯通		能力杰出	

敬业尊重能力评价

评价方式	责任心	尊重他人	阳光心态	注重细节能力	执行力	反思能力	总评
学生自评(10%)							
组长评价(20%)							
教师评价(70%)							

沟通合作能力评价

评价方式	合作能力	上传下达沟通能力	谦逊的沟通能力	声音沟通技巧	眼神沟通技巧	接送客户沟通技巧	总评
学生自评（10%）							
组长评价（20%）							
教师评价（70%）							

职业礼仪规范能力评价

评价方式	时间管理能力	第一印象管理能力	肢体语言管理能力	服饰妆容管理能力	诚信管理能力	语言管理能力	气质管理能力	表情管理能力	总评
学生自评（10%）									
组长评价（20%）									
教师评价（70%）									

情绪控制/压力缓解能力评价

评价方式	情绪控制能力	察言观色能力	赞扬他人能力	同理心看待问题能力	感恩的心	不断自我修炼能力	总评
学生自评（10%）							
组长评价（20%）							
教师评价（70%）							

学习力评价

评价方式	学习力	正向思维能力	空杯子心态	目标管理能力	职业规划能力	良好的工作习惯	总评
学生自评（10%）							
组长评价（20%）							
教师评价（70%）							

第五章 专业群人才培养

第一节 专业群人才培养模式

一、人才培养模式概述

人才培养模式问题是高等教育的重要研究课题。1998年，教育部在《关于深化教学改革，培养适应21世纪需要的高质量人才的意见》（教高〔1998〕2号）文件中明确指出，人才培养模式是学校为学生构建的知识、能力、素质结构，以及实现这种结构的方式，从根本上规定了人才特征并集中地体现了教育思想和教育观念。

经过二十多年的探索尝试，我国高职院校在人才培养模式上有了长足进步。但是从整体来看，当前高职院校的人才培养模式尚不能完全适应社会经济的发展，距离培养高素质的复合型技术技能人才的目标仍有较大差距。随着我国经济社会的快速发展，企业在激烈的竞争环境下对高校人才培养的规格和质量提出了更高的要求。新技术的出现和应用也要求高职人才具有快速适应新技术的能力以及可持续发展的综合素质。然而，高职院校在人才培养模式的创新实践方面仍未能满足行业企业的迫切需求，人才培养体系和人才管理制度尚不完善和规范；同时，人才培养模式面临着诸多束缚和制约。例如：在教育教学理念上，高职院校没有形成特色鲜明的层级培养模式，即国家级、学校级、专业群级和专业级人才培养模式普遍趋同。高职院校在专业群内部专业关系上，不能平衡各专业的个性和共性问题。有些专业个性较重，特点突出，导致其与其他专业融合困难。有些专业间共性较重，无法有效发挥各专业的个性作用。在建设对人才培养模式至关重要的课程体系时，专业群内部各专业不能有效共享专业资源，无法体现专业群优势。

在社会经济不断转型发展的今天，高职院校需要加快人才培养模式的创新。在专业群建设的大背景下，需要将人才培养模式创新作为专业群建设的重点内容，不断完善和规范人才培养体系和人才管理制度，树立更明确的人才培养目标，促进人才培养模式与产业经济结构调整相适应，推动人才培养规格和质量与行业企业用工需求相适应。

二、产教融合背景下基于 CDIO 模式的专业群人才培养实践

"职教 20 条"充分阐述了产教融合在高职院校人才培养中的重要性。校企双方的优势互补和资源交换能够有效地加强信息教育的针对性和时效性。CDIO 工程教育模式是培养工程应用型人才的最先进的国际工程教育模式。CDIO 分别代表构思（Conceive）、设计（Design）、实现（Implement）和运作（Operate）。可以看出，CIDO 模式和计算机网络技术专业群的人才培养过程是相辅相成的，都是以培养工程专业人才为目的，注重培养学生的项目构思、设计、开发、实施能力及职业素养，促进学生全面发展，提升人力资本素质。下面针对计算机网络技术专业群的人才技术特征，阐述建设团队在产教融合背景下基于 CDIO 模式开展人才培养的实施路径。

（一）人才培养实施路线

CDIO 模式与人才培养的结合，立足下一代通信网络、设备集成与安装、运维与管理的工程应用岗位的特色，主要以下一代通信网络与云计算岗位的人才培养为研究的重点。这些符合高职层次的人才需求。基于 CDIO 模式的人才培养实施路线如图 5-1 所示。

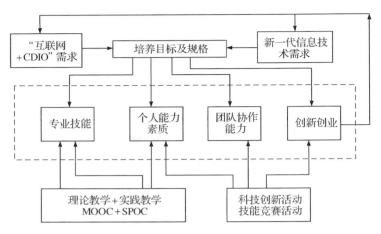

图 5-1 基于 CDIO 模式的人才培养实施路线

（二）基于工程项目实践能力培养的课程体系

CDIO 工程教育模式强调以项目为基础的工程实践，也就是说，工程项目设计是工程实践的精髓。因此，产教融合就成为工程项目设计的关键。必须对企业岗位进行充分的职业能力分析调研，再进行整合、提炼、深化，归纳成岗位群，并且从中将职业核心能力抽象概括为典型的工程项目实例。以新一代信息技术产业中的融合网络方向为例，得到了职业能力与工程项目实例的模型，如表 5-1 所示。

表 5-1 工程项目实例

岗位群	工程项目实例	职业能力
网络工程与系统集成	网络规划与需求分析	熟悉网络原理及相关协议，理解客户的详细需求并完成网络拓扑的规划、IP 地址的规划
	网络设备选型	会分析比较网络设备的性价比，根据设备特点及性价比进行设备选型
	网络工程施工	能够对各种线缆进行裁剪、加工以及综合布线；能够利用网络测试工具对布线进行认定
	工程项目监理	规划整个工程进度，对施工进行监督；能根据实际问题给予技术指导
	网络测试与设备调试	熟悉各种网络设备性能，完成各种网络设备的配置以及故障检查，使用网络测试工具进行网络测试

续表

岗位群	工程项目实例	职业能力
网络管理与计算机维护	客户端以及安全检测维护	能够安装打印机、传真机等常见设备以及常见网络应用软件、防火墙软件，会使用专业的安全工具检测和分析网站的安全性，能够编写网站安全状态评估分析报告
	服务器配置与网络配置	熟悉各种网络设备性能，完成各种网络设备的配置以及故障检查，使用网络测试工具进行网络测试
	日常监控管理	能够完成如 Web 服务器、FTP 服务器、DHCP 服务器等常用服务器架构和配置路由器交换机，熟悉发包形式与协议
	计算机软硬件系统的安装	能使用远程维护软件和 Windows 服务
	桌面网络的维护	了解配件型号性能并完成计算机系统硬件的组装和升级；能够进行 CMOS 设置和磁盘格式化、分区，完成各类操作系统安装及驱动程序安装升级
网页制作与网站架构	网站整体设计规划	会进行网络接入设置，通过网络拓扑图描述网络结构
	网页制作	会进行网络接入设置，通过网络拓扑图描述网络结构
	数据库维护	会使用 VBScript 或 JavaScript 完成网页设计、动态交互和网站发布，会对网站程序的模块进行集中管理
	网站测试与维护	能对网络数据库进行访问操作、网站程序设计和进行后台数据库备份
网络优化与电信服务	无线网络需求分析	能用手工和专业的测试软件对网站进行性能测试，会使用工具软件维护网站的界面和代码
	无线网络规划与实施	熟悉通信设备的性能，完成通信设备的故障与检修
	信号测试与优化	电信网络规划与设计
	增值业务开发	移动通信基站配置与维护，信号的测试与优化

专业群依托学校"2+3"课程体系和"跨界融合型人才培养"弹性学分制选课模式，加强对行业企业的调研，与行业、企业专家共同探讨，融合网络方向，通过 CDIO 的构思，在大一学生学完公共职业素养课程之后，按新一代信息技术人才需求分成了华为 ICT 技术方向、H3C 融合网络方向、锐捷与云计算方向、Cisco 网络技术方向，以技能为引导，项目为驱动，由各个技能工作室对大二学生开展项目化实训教学；利用创新创业平台、校外实习基地加强对学生的实践锻炼（图 5-2）。

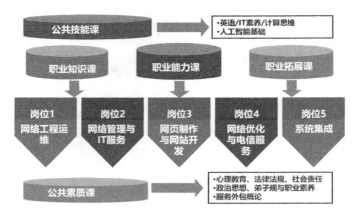

图 5-2　CDIO 课程体系思路

建设团队将每个方向的 3 类专业课程重新构建为"项目导向，能力素质融合的四段递进"的专业课程体系。按照"平台+模块+拓展"的课程体系结构，制定不同层次和功能定位的模块课程，使课程模块间层层递进。

（三）教学资源开发

教材是课程教学的重要内容载体，支撑了职业能力要求中有关项目的实施任务。而受高校教师工程背景与能力相对不足的制约，高校教师自主开发的教材往往出现与实际工程项目实施脱节的"纸上谈兵"现象。为此，团队采用了 CDIO 开发模式进行专业教材建设。图 5-3 给出了该模式的基本流程。

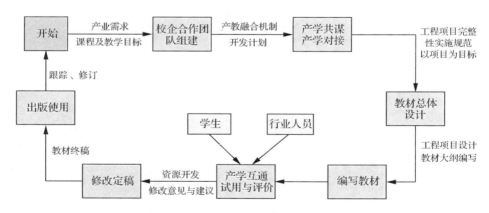

图 5-3　产教融合教材开发流程

依托这种模式，所开发的教材既能够充分接轨主流的技术与方法，体现工程项目实践的职业能力培养，又能体现高职学生的认知规律，融入教育信息化的教学设计理念。这种模式也促进了教材的敏捷开发与迭代，不仅缩短了教材的初次开发时间,还因企业参与增强了教材对于技术变化的敏感性与敏捷性,除了常规的教材版本升级,还借助新形态教材配套的数字化资源实现快速的动态更新。

(四)专业群能力培养体系

建设团队融入 CDIO 工程教育的教学理念,充分体现产教融合,加强学院与行业、企业的互动,发挥行业企业的作用,图 5-4 所示为专业实践能力培养体系。

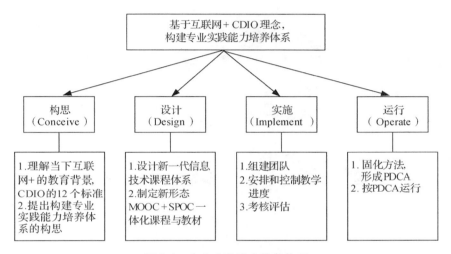

图 5-4　专业实践能力培养体系

建设团队以融合网络方向的核心课程为基础,形成 CDIO 工程教育的实践课程体系。课程的内容分为三个级别,由易到难,由基础到专业,分别设计三个综合项目实践,提出新颖的训练项目。图 5-5 展示了 Linux 系统课程的设计思路。并且课程团队根据职业能力分析,开发对应技能的微课,搭建 MOOC + SPOC 平台。

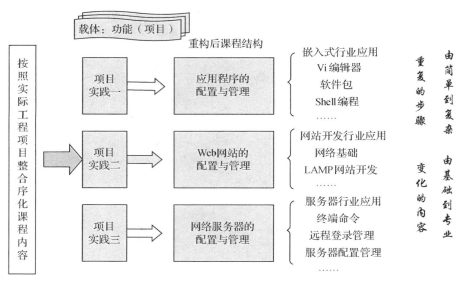

图 5-5　Linux 系统课程的设计思路

第二节　专业群"三教"改革

"职教 20 条"指出了当前职业教育发展的趋势与方向。高职院校应主动适应国家战略和区域产业发展需求，加强专业协同发展，深化专业跨界整合，优化专业结构调整，凝练专业特色。高职院校要服务产业转型升级和区域经济发展，科学规划、稳步推进专业群建设，以"三教"改革推进高水平专业群建设，带动所有专业的内涵建设，提高教学质量。

一、高职院校专业群"三教"改革的意义

（一）深化产教融合服务产业升级转型

处于国家社会经济、产业发展人才链供给侧的职业教育，与产业升级发展有着最紧密的关联。产业的转型升级要求职业教育必须培养高质量跨界型人才。因此，高职院校必须改革传统的教学模式，基于高水平专业群，紧密对接区域产业链与创新链，深化高等职业教育"三教"改革，切实深入产教融合，精准对接区域产业发展需求，使专业群的发展能够适应区域产业环境的升级转

型发展。

(二) 助推区域产业集群化人才链培养

职业教育和普通教育具有同等重要的地位，必须要把职业教育摆在改革创新和社会发展的突出位置。高职院校深化专业群建设，实现专业人才培养的集群效应，应该立足"三教"改革，从教师、教材、教法等方面多措并举，深化产教融合，与企业共同确定集群化的人才培养方案，优化教学资源配置，培养复合型技术技能人才，实现学生高质量就业。

(三) 引领高水平高职院校高质量发展

"职教20条"指出要集中力量建设"双高"院校，引领高职教育的高水平高质量发展。以建设高水平专业群为引领，辐射带动其他专业协同发展，提升高等职业教育整体教学水平，这是深化高职院校内涵建设、实现立德树人的关键。通过构建符合区域产业升级转型的专业群课程体系和教材，打造高水平的"双师型"教师团队，提高教师的教育水平，是增强高职院校核心竞争力的重要举措。

二、高职院校专业群实施"三教"改革的困境

随着产业结构的转型升级，产业集群化发展趋势日益明显，区域经济的发展对高职院校人才培养提出了新的诉求。当前高职院校专业群的建设缺少区域产业布局的研究，无法适应产业技术变革，高职院校专业群培养的人才链也难以适应产业岗位链的多维性。专业群的构建是政府、行业、企业、学校等多元利益主体对高校专业发展和人才培养的联合决策过程。专业群建设必须提升专业内涵设计水平，多方协同解决专业群中各个专业之间的逻辑联系不清晰、不明确问题，解决专业群人才链与产业岗位链的动态耦合匹配问题。

(一) 专业群建设缺乏内涵设计

专业群的建设必须以产业岗位群为基础，通过区域产业发展趋势分析，综合评估市场人才需求。现实中很多高职院校的专业群建设因时间仓促，缺乏充分的市场调研，只是将几个专业简单拼凑，忽视了内涵设计。当前高职院校将专业群建设重心聚焦于专业群组建、团队建设和课程开发等具体事务层面的专业群建设，而专业群之间的组群逻辑、课程体系模型没有做到真正的融合，课程的改革也没有体现产业化、模块化和全局化思维。高职院校专业群的组建，

更多的是从学校内部的资源和专业发展角度出发,忽视了区域产业优势与办学条件的相关性,缺乏专业群建设的顶层设计。专业群建设的核心是培养复合型技术技能人才,通过"三教"改革重新构建包含教师、教材和教法的人才培养系统,深化产教融合,开展基于产学研一体化的教育教学改革。

(二)专业群集群化发展落实困难

区域产业的集群发展导致高校人才链的集群化效应加剧,这就要求高职院校培养复合型技术技能跨界人才。高水平专业群建设的主旨是:专业群中不同的专业聚集融合,打破传统专业之间的壁垒与隔阂,共享教育资源,进而培养综合创新、跨界融合型人才服务区域产业;以重点产业为依据,确定专业群核心专业,辐射带动其他专业协同发展,整体提升专业建设水平。而在专业群的建设过程中,专业群的集群发展很难达到各专业共建共享,各专业建设往往是独立进行,毫无共建之实。一是专业群的整体科学规划不到位;二是专业群没有制定有效的管理机制,专业群各专业的课程体系规划没有从群的概念实现内在联系,难以实现资源共建共享;三是专业群建设没有动态调整机制,不能根据产业的发展变化及时做出专业调整。

(三)专业群教师服务产业能力不足

高水平专业群建设必须面向区域产业和重点行业,为产业办教育是高职院校的办学宗旨和教育使命。目前高职院校专业群的组建必须支撑区域产业发展,这就要求专业群人才培养的标准必须与产业需求的用人标准匹配。由于专业群各专业缺乏科学的产业调研,在群体课程体系设计与教学内容设计方面都存在滞后现象,导致专业群服务产业能力不足。教师是专业群立教的本质和施教的主体,是人才培养的关键。职业院校要想专业群培养的人才能够服务区域产业,就必须打造出一支高水平的教师团队。

产业升级转型带来了新技术、新工艺的革新,催生了职业院校的新专业和新课程,而职业院校教师的教学理念和教学改革意识相对薄弱,教师靠以往的知识架构已经无法支撑当前职业教育的发展,所以教师首先必须加强教学理念学习,革新技术技能和教学能力。另外,职业院校教师企业实践能力不足,普遍存在重理论、轻实践技能的问题。当前产业升级发展对技术开发、技术服务、技术咨询等方面都提出了新的要求。教师教学方法和技术水平不能与时俱进,导致教师无法发挥"三教"改革中的主体作用,无法发挥高水平教师团队的优势。

（四）专业群教学资源开发落后于产业升级

课程是培养学生的最直接载体。当前职业院校的课程体系依旧落后，课程内容过时，更新缓慢，与企业实际生产环节脱轨，不能体现企业数字化转型和信息化转型的特征。首先，与课程匹配的教材缺乏"互联网＋"的时代特性，教材开发有随意性和非理性的特点，教材形式单一，仍然以纸质教材为主，教材配套的教学资源不足，不能满足当前职业教育多维的教学方法，新形态一体化教材建设没有形成规模体系。其次，教材内容缺乏职业精神、工匠精神和课程思政等现代职业教育所需特性，教材内容方面也未能体现新技术、新工艺和新规范，不能紧跟产业升级转型的需求。

（五）专业群教材建设与产业发展脱节

国家始终高度重视职业教育教材建设工作。自改革开放以来，伴随着职业教育的快速发展，职业教育教材建设取得了显著成绩。一批体现职教特色、适应时代发展、具有一定科学性和思想性的优秀教材相继推出，基本能够满足职业院校教师教学和学生学习的要求。综观职业教育教材的建设现状，仍有一些问题需要改进。

1. 教材内容陈旧，更新速度较慢

教材是教学内容的主要载体，是教师教学和学生学习的主要工具。目前，有的教材内容相对陈旧，未能根据行业发展及时更新，无法反映行业企业的新技术、新工艺、新规范和新要求。其结果是，学生不能从教材中获得日后工作所需要的真正知识和技能，最终造成技术技能型人才培养规格与企业需求脱节。

2. 教材体例老套，形式缺乏创新

传统的教材一般采用"章节"式结构，按照内容的逻辑关系编排教材内容。这种结构的突出特点是内容逻辑性强，往往具有严格的先后顺序。但是这种体例结构不符合当今职业教育的特点和当代学生的学习特点。目前，国家大力提倡新形态教材建设，模块化、项目化、任务式、主题式等教材组织形式已成为新出版教材的主流形式。如果仍然采用传统的结构编排形式，将很难激发学生的学习兴趣，影响人才培养质量。

3. 配套资源匮乏，学习内容单调

如今，线上线下混合式教学模式得到广泛应用。对于学生而言，单纯的纸质教材早已不是唯一的学习工具。因此，与教材配套的立体化教学资源是不可或缺的，如慕课、微课视频等。但是制作配套教学资源工作量巨大，许多教材编写人员没有足够的时间完成这一工作。有些教材虽然有配套的教学资源，但内容粗制滥造。这些都会在一定程度上影响学生的学习效果。

4. 建设主体单一，团队深度不够

校企合作是技术技能型人才培养的内在要求，职业教育教材建设同样如此。但现实情况是，许多教材都是职业院校教师"单兵作战"的结果，许多教师缺乏必要的实际操作技能训练，对行业新技术的理解不深，加之没有企业人员的有效参与，导致教材编写团队结构单一，甚至出现"闭门造车"的现象。

5. 思政元素欠缺，育人功能弱化

在教材内容中融入思政元素是实现立德树人这一根本任务的必然要求和重要举措。从目前来看，教材内容与思政元素的融合不尽如人意。一方面，不少教材编写人员自身没有意识到思政教育的重要意义，不能自觉地在规划、设计、编写教材时融入思政元素；另一方面，有些教材编写人员没有掌握教材与思政元素融合的有效方法，只是将思政元素生硬地嵌入教材内容中。这不仅发挥不了思政教育的作用，还会影响教材的主体内容。

三、高职院校专业群"三教"改革总体策略

（一）多方协同，实现专业群供给侧与产业需求有效匹配

专业群与产业集群化发展的适应性要求政府、学校、产行业、企业等多方利益相关者共同参与专业群的建设。就专业群系统而言，它应该具有开放性的属性，其结构应该是动态的。政府应及时发布产业发展政策和制度；企业作为用人单位，应深度参与人才培养，为专业群升级改造和结构动态调整出谋划策；职业院校作为办学主体，应积极联合企业共同调整人才培养方案，共同开发课程以及建设师资队伍。专业群与地方经济产业、产业结构、政策法规等各个因素都密切相关。专业群建设以对接区域产业链或岗位链为目标，必须协同区域产业发展方向、产业市场需求、行政体制以及专业群建设基础和各专业组群逻辑。实际上，"职教20条"提出的深度产教融合等政策，意在强调职业教

育与产业发展的协同效应，构建多元主体参与的体系，推进职业院校与企业共建校企命运共同体。

专业集群旨在以一个人才培养质量高、学生就业对口率高的核心品牌专业为核心，辐射带动其他有内在联系的专业发展，促进各专业之间紧密耦合和整体发展。首先，专业群的建设需要统一专业群内各个专业的内涵、培养目标和组群逻辑；其次，专业群内各个专业应面向共同的行业背景和专业技术领域，服务于同一个产业链上的不同的岗位群；最后，所有专业之间的资源配置需要整体规划设计，所有资源需要共建共享，以提高专业群资源利用率，实现人才培养目标和效益的最大化，切实提高专业教学效率和人才培养质量，实现专业群供给侧与产业需求侧有效匹配。

（二）双元合作，构建德技双馨的结构化高水平教师团队

教师是推动"三教"改革的主体。"双高计划"提出要以"四有"标准打造数量充足、专兼结合、结构合理的高水平双师队伍。"四有"即有理想信念、有道德情操、有扎实学识、有仁爱之心。现阶段推进高职教师改革仍有多方面的难题和阻碍。首先，教师队伍结构不合理，存在人才梯队断层现象。一方面，很多青年教师毕业后即进入职业院校工作，缺少在企业任职的经历。职业院校教师从企业转入的数量很少，高校毕业生仍然是教师队伍的主要来源。他们虽有深厚的理论功底，擅长理论教学，但欠缺实践教学能力，无法承担实践技能课程的教学工作。另一方面，高职院校缺乏学科带头人和学术骨干教师，尤其是"双师型"教师数量明显不足，影响了高职院校的人才培养质量。其次，教师培养制度建设滞后，教师培养的方式和途径仍偏重传统模式。比较突出的问题是，教师职前、职中和职后一体化培养体系尚不健全，普通教师面对繁重的教学任务和其他事务，无法保证有充足的时间参加企业实践，影响个人能力提升。最后，高职教师评价机制不健全。虽然国家提倡破除"唯论文、唯职称、唯学历、唯奖项"的"四唯"人才评价模式，但现实中这些指标仍是普通教师实现职称晋升或提高收入的"指南针"。

产业结构的转型升级带来的新技术层出不穷，5G网络技术、工业互联网、机器视觉、网络安全等新技术对传统的专业造成了巨大的冲击。职业院校教师的知识储备已经不足以支撑当下职业教育的发展，大部分职业院校教师都缺乏企业工作经历，专业实践能力有限。因此，高职院校必须加强产教融合，形成

校企命运共同体，与企业共育学生，组建产学研一体化的结构化教师团队。

（三）四段递进，重构专业群岗课赛证的模块化课程体系

专业群课程的开发与建设是实现创新型跨界融合人才培养的本质要求。专业群课程需要从区域产业人才培养的实际需求出发，实现人才培养目标与行业需求的供给侧改革，精确匹配区域产业的岗位链。

首先，专业群课程体系需具有育人特征的整体全局化特性。这就要求专业群有公共素质课程。这类公共素质课程要区别于传统的职业教育基础课程，突出德智体美劳的全面培养，融入课程思政的理念，培养学生的可持续发展能力。其次，课程改革需要结合技能大赛，因为技能大赛紧跟行业发展新趋势，引入行业新技术、新标准，通过以赛促学的方式，能够有效地提升教学质量，弥补教学过程中的不足。最后，应将课程考试考核与职业技能等级标准相结合，将"1+X"证书制度等内容融入专业课程教学内容，加强证书与课程的相互融通。

（四）四维融合，开发新形态一体化教材建设和改革高水平教法

教材建设是国家事权，对于塑造一个国家和民族的价值观体系具有极其重要的意义。作为一种类型教育，职业教育的根本使命是为国家培养高质量的复合型技术技能人才。教材建设是新时期国家推动职业教育改革发展的重要抓手，是职业院校推进"三教"改革的重点内容。教材是师生之间知识传递的重要工具和载体，教材的质量对教学质量和学生的发展影响巨大。因此，由谁来编写教材、编写什么样的教材、怎样编写教材这三个问题直接关系到党和国家的教育方针能否在职业教育领域落地生根。

在我国从职业教育大国发展为职业教育强国的过程中，学校内外部环境出现了新变化，这也对新时期职业教育教材建设提出了新的要求。一方面，教材要具有典型的职业教育特色，体现行业企业的新技术、新工艺、新规范和新要求；另一方面，教材的建设理念要与职业教育立德树人的根本任务及专兼结合的现实要求相结合，这样才能培养出符合规格的技术技能型人才，为国家经济社会转型发展提供人力支撑。

1. 校企"双元"新形态教材开发

教材改革是专业群建设的重要切入点，能够有效推进专业群教学质量提升。专业群建设过程中要加强教材建设管理，完善教材选用机制。校企"双

元"合作开展教材建设,需要深化产教融合,聘用行业一线技术人员共同参与教材与教学资源开发,充分发挥企业人员技术专长,进一步精准满足产业岗位链需求。如图 5-6 所示,校企"双元"合作开发教材依托产业分析、岗位工作能力分析和典型工作任务分析挖掘产业发展需要;选取典型的工作项目作为教学内容,实施项目分解,将新技术、新工艺和新规范有机地、系统地融入教材;同时根据学情分析,以贯彻实施课程思政为主导思想,挖掘思政元素,设计思政内容,把知识、技能与思政关联,校企"双元"合作共同开发新形态活页式、工作手册式教材,使教材建设与产业、岗位、信息技术和教学改革相结合,实现四维融合。

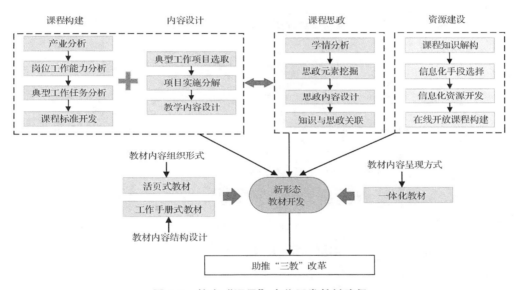

图 5-6 校企"双元"合作开发教材路径

2. 高水平教法改革

高水平专业群建设要深化信息化教学改革,以适应"互联网+教育"的现代职业思想,依托专业群共建共享的数字化教学资源、信息化实训平台和实训室,突出信息技术教学手段,聚焦专业群人才培养的核心素养和目标。依托在线开放课程,打造智慧教学模式,实现线上+线下的翻转课堂,以信息化手段助推专业群教学改革。首先,开展专业群的信息化教学培训,增强教师团队的信息化教学能力,教师通过培训掌握信息化教学手段,熟练使用信息化设备、信息化资源,从而实现信息化手段与专业群教学改革的有机融合。其次,加快推进在线优质课程的建设与共享,实现混合教学模式的常态化,创建高校课堂。坚持"金课"建设，淘汰"水课"，加强课程的项目化教学改革，开展课堂革命，不断提高专业群课程课堂教学质量，以专业群教法改革支撑专业群"三教"改革。

四、高职院校专业群"三教"改革实施路径

（一）教师改革

1. 建设德技双馨的师资团队

师德师风是考核新时代职业教育教师素质的第一指标。专业群教师队伍建设要以师德作为建设的第一标准，同时注重知识技能的培养。把师德作为教师考核的重要标准，健全师风师德建设长效机制，提升教师的职业精神和工匠精神，做到以德立学，以德施教。

2. 培养专业带头人与名师

专业带头人是专业群教学团队的核心，更是培养高素质技能型跨界人才的关键。采用校内和校外双带头人机制，校内专业带头人负责整合校内外的优质资源，掌握产业发展动态，更新人才培养方案，实现培养的人才符合产业发展需求，企业带头人则负责供给高技术技能，建立企业"工作站"，校企协同参与课程教学，提升师资队伍教学创新水平，推动团队工作。具体来说，高职院校可以引进一批有行业权威的专业群建设带头人，着力培养一批能够改进企业产品工艺、解决生产技术难题的骨干教师，合力培育一批具有精湛技艺的技术技能大师。聘请行业企业领军人才、大师名匠兼职任教。

3. 打造"双师型"结构化教学队伍

"职教20条"明确指出加强深度产教融合，多措并举打造"双师型"教师队伍。一方面，建立"引培机制"，积极从企业引进高技能人才，开展教学能力提升工程；另一方面，提倡教师进入企业实践，创造工学结合的工作机制，提升教师工程实践能力。专业群应根据模块化的课程体系结构和课程内容结构，组建有针对性的模块化课程组团队，实现各个模块内部高内聚、模块之间高耦合，在课程组负责人的带领下开展教学水平提升工程、教学研究等工作，逐步形成高质量的结构化创新团队。同时，高职院校还应建立健全教师职前培养、入职培训和在职研修体系，通过教师发展中心提升教师教学和科研水平，促进教师职业发展。教师评价机制的改革应重点建立以业绩贡献和能力水平为

导向、以目标管理和目标考核为重点的绩效工资动态调整机制，让高职教师多劳多得、优绩优酬。

（二）教材改革

1. 研读各类标准

相较于科技读物和学术专著，教材建设的突出特点是以教学标准为引领。不以规矩，不成方圆。如果没有教学标准的引领，教材建设必将毫无规范可言。教学标准对教材编写人员的引领作用主要体现在两个方面：一方面，教学标准对编写人员具有约束作用，不能写的内容"坚决不写"；另一方面，教学标准对编写人员具有指引作用，可以写的内容"应写尽写"。这就要求教材编写人员在编写教材之前深入研究、吃透相关标准。

从大的方面来看，国家出台的各种文件为职业教育教材建设指明了大方向，确定了整体工作方针，同时也对编写人员提出了总体要求。以2021年教育部印发的《"十四五"职业教育规划教材建设实施方案》（教职成厅〔2021〕3号）（以下简称"《实施方案》2"）为例。"《实施方案》2"明确要求加强权威性、前沿性、原创性教材建设，以规划教材为引领，高起点、高标准建设中国特色高质量职业教育教材体系。在编写人员队伍建设方面，"《实施方案》2"鼓励职业院校与高水平大学、科研机构、龙头企业联合开发教材，提高教材编写队伍的广度和深度。另外，"《实施方案》2"还明确提出要加快建设新形态教材。这一点要求编写人员应在教材编排方式、配套资源、呈现形式及信息技术使用等方面多下功夫。

从小的方面来看，教师开展日常教学工作时依据的相关文件也是编写人员应该深入研究的对象，包括专业教学标准、人才培养方案及课程标准等。例如，专业教学标准规定了特定专业的职业面向、培养目标和规格、课程设置和学时安排等，课程标准则规定了课程性质和任务、课程要求和目标、课程结构、课程内容、课程实施过程及课程评价方式等。教材是面向专业和课程的。教师对这些标准把握得越准、吃得越透，对后期教材编写也就越有利。

2. 组建编写团队

配置合理的教材编写团队是建设高质量教材的重要保障。职业教育教材的预期适用对象是职业院校学生，所以应该由了解职业教育特点、熟悉职业院校学生认知特点和学习规律，以及精通专业、面向岗位技术技能的人员组成编写团队。

在团队结构上,"《实施方案》2"鼓励职业院校与高水平大学、科研机构、龙头企业联合开发教材。因此,组建编写团队时应坚决避免职业院校单方面"闭门造车"。编写团队应按照"校企合作、双元协同"的要求,由职业院校教师和企业人员共同构成。学校一方可以按照"专家领衔、骨干参与、新人配合"的原则进行编写团队梯队建设,安排具有高级职称的专业带头人或资深专家领衔编写教材,中青年骨干教师积极参与教材建设,新入职教师则通过协助收集数据或资料等方式熟悉教材编写流程。这样既能扩大编写团队成员的覆盖面,也能促进新教师快速成长。企业一方可以选派能工巧匠、技术骨干参与教材编写,这样能够有效弥补职业院校教师实操技能不足的问题。

在团队分工上,本着学校牵头、企业深度参与、优势互补、各尽所能的原则,校企双方应协商确定教材编写人员的具体分工。学校教师和企业人员各有优势:前者对职业教育教学规律和人才成长规律比较了解,后者则较关注企业工作所需的实际技能;前者擅长文字表述,后者则可以提供教材所需的项目案例;前者熟悉专业基础理论和知识点,后者则能够将企业的新技术、新工艺、新规范和新要求引入其中。除了教材本身外,与之配套的人才培养方案、专业教学标准、课程标准等教学资料也需要校企双方合理分工、协力配合、共同制定。

3. 加强课程思政

立德树人成效是检验高校一切工作的根本标准。教育部印发的《高等学校课程思政建设指导纲要》(教高〔2020〕3号)将课程思政建设作为全面提高人才培养质量的重要任务,并明确提出将课程思政融入课堂教学建设全过程。教材作为教师与学生之间进行知识传递的主要知识载体,自然成为落实思政教育的重要工具和渠道。

在意识形态层面,学校首先需要增强教材编写人员的课程思政建设意识。学校应通过各种形式让教材编写人员了解课程思政建设的重要意义,帮助他们完成从"思政课程"到"课程思政"的转变。学校应将课程思政作为教师岗前及在岗培训、师德师风建设的重要内容。另外,还可以充分发挥党员教师的模范带头作用,将富含中国特色和时代特征的思政元素融入教材,帮助学生塑造正确的世界观、人生观和价值观。

在实施细节层面,学校迫切需要提升教材编写人员的课程思政建设水平,明确课程思政建设目标的要求和内容。缺乏课程思政建设能力是高校教师实施课程思政改革的关键障碍。学校应将课程思政改革作为系统工程统筹规划,将教材思政改革纳入课程思政教学体系建设的大局中。学校相关部门可以结合专业特色和课程特点对教材编写人员进行针对性的专题培训,帮助他们深入挖掘思政元素,找准思政元素与教材内容相融合的关键点。另外,学校还应该为教材编写人员搭建课程思政建设的交流平台,支持教材编写人员与思政课教师合作,使教材与思政课程同向同行,充分发挥教材的协同作用和育人功能,努力实现职业技能与职业精神培养的高度融合。

4. 创新教材形式

为适应结构化和模块化的专业课程教学与教材出版要求,教材编写团队应在开始编写教材之前规划设计教材的体例、表现形式和数字化资源。这样可以保证编写的教材既能满足教师的教学需要,也能满足学生的学习需求。

从教材体例上看,目前新出版的职业教育教材大多采用模块化、项目化、任务式、主题式等形式组织教材内容,以企业真实生产项目、典型工作任务、案例等为载体组织教学单元。这种体例有别于传统的"章节"式结构,更加贴近实际的应用场景,也更能激发学生的学习兴趣。

从表现形式上看,以活页式或工作手册式为代表的新形态教材方兴未艾。以新型活页式教材为例,它突破了传统纸质教材的稳定性、规范性和统一性,可通过加页、去页的方式及时添加或删除知识。这种形式的教材有利于教师灵活组织教学内容,也方便学生自主添加学习内容和笔记。但活页式或工作手册式教材并非适合所有的课程,因此,教材编写人员应该根据课程的特点灵活选择教材形式。

与纸质教材配套的数字资源建设也是创新教材形式的重要方面。对纸质教材进行数字化改造,可以为学生提供更多可听、可视、可练的数字化教材,从而拓宽学生的学习空间,丰富学生的学习形式,提升学生的学习兴趣。利用数字化教材,教师能够有效跟踪学生的学习效果,进行精准的学情分析,调整教学策略,与学生灵活互动。

(三)教法改革

1. 在课堂教学中加强课程思政建设

专业群建设要将立德树人作为根本宗旨,将知识传授、技能培养、素养提升贯穿于教育教学全过程。这要求专业教师深入挖掘专业群课程的育人理念和思政元素，将其体现在群内各专业的人才培养方案中，在所有专业群课程中实施课程思政改革，使思政课程的显性教育功能与专业群课程的隐性教育功能协同发挥作用。同时，要积极凝练课程思政改革成果，建设专业群课程思政示范课，辐射带动专业群课程思政建设工作高水平开展。

2. 提高教育教学的信息化、数字化水平

信息技术的高速发展推动着教育变革和创新，教育理念和教学方式随着信息技术的发展而发展。党的二十大将"推进教育数字化"写入报告，明确了教育数字化未来发展的行动纲领。

数字时代是一个全新的时代。教师是改革的实施者，提升教师数字素养是教育适应数字时代的首要任务。高职院校要加强数字时代的教师队伍建设，多层次开展教师数字化能力培训工作，使专业教师能够熟练使用各种信息设备开展互动教学，利用新一代信息技术开发专业群教学资源，提高信息化教学设计的水平。通过深化专业群信息化教学改革，丰富专业群课程线上教学资源，促进专业教师开展网络教学及线上线下混合式教学改革。

（四）课程资源建设

课程资源建设是课程建设的关键和核心，也是课程建设的重要抓手。课程资源建设质量的高低，直接关系到课程建设的成败，最终影响教学质量的高低。项目管理知识体系指南（Project Management Body of Knowledge，PMBOK）是美国项目管理协会开发的项目管理标准和指南，集成了在项目管理领域中被普通认可的"良好实践"。合理运用PMBOK的知识、技能、工具与技术，可以在大多数时候提高大多数项目的成功率，这一点已经被全球范围的项目管理从业者证实。按照PMBOK的定义，项目是为创造独特的产品、服务或成果而进行的临时性工作。课程资源建设具有独特性、临时性和渐进明细的项目特征，完全可以并且理应作为一个项目来实施。

下面基于PMBOK的项目生命周期模型，把课程资源建设分解为相互联系的几个阶段，梳理各个阶段的主要特征和任务，构建一套行之有效的课程资源建设实施方案。下文的"课程资源"特指《Linux网络操作系统项目式教程》教材，"课程资源建设"指该教材的规划和编写。

1. 课程资源建设的生命周期模型

项目的生命周期是指项目从开始到结束所经历的一系列阶段。每个阶段包括一组具有逻辑关系的项目活动，通常把一个或多个可明确验收的可交付成果作为阶段结束的标志。合理划分项目阶段，有助于项目管理人员制订项目计划，并能促进项目参与者之间的有效沟通。根据 PMBOK 的方法论，本文把课程资源建设的生命周期分为四个阶段，分别是启动课程资源建设、组织与准备课程资源建设、实施课程资源建设与结束课程资源建设，如图 5-7 所示。

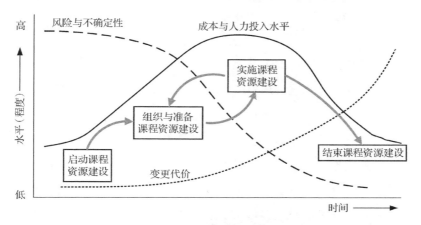

图 5-7　课程资源建设生命周期模型

这四个阶段反映了课程资源建设的一般生命周期结构，但是各个阶段之间并没有严格的先后关系。例如，可以在制订部分教材编写计划后开始编写教材。同时，验收已完成的部分和编写未完成的部分也可以同时进行。一般来说，在课程资源建设的早期，成本和人力投入较低；在实施课程资源建设阶段，成本和人力投入则最高。随着课程资源建设逐渐接近结束，成本和人力投入又恢复到较低的水平。另外，在组织和准备课程资源建设时，由于无法制订十分明确详尽的计划，此时风险和不确定性最高，在这个阶段变更计划的代价是最小的。在课程资源建设的结束阶段，由于绝大部分工作已经完成，此时风险和不确定性最低，但此时变更计划的代价也是最高的，因为这意味着要推翻之前已完成的工作，重新进行规划和实施。

2. 启动课程资源建设

启动课程资源建设是课程资源建设项目的第一个阶段，标志着项目正式立项。这一阶段的主要任务和交付物如表 5-2 所示。

表 5-2 启动课程资源建设阶段任务说明

子任务	说明	交付物
可行性分析	技术可行性、经济可行性	可行性分析报告
制定项目章程	确定教材编写的项目经理，授权项目经理相应职权	课程资源建设项目章程
识别相关方	确定可能影响教材编写的人或组织及被影响的人或组织	课程资源建设相关方登记册

可行性分析是这个阶段的第一项工作，主要完成项目的技术可行性和经济可行性分析。在课程资源建设项目中，需要做的可行性分析包括教材选题是否符合专业发展的需要，市场上有哪些同类教材，已有教材的用户评价如何，编写教材的投入、产出及应用前景。这些分析结果可以作为后续批准项目立项或拒绝项目立项的依据。

为了整个课程资源建设项目的顺利进行，必须选择一个优秀的项目经理作为项目的领路人。项目经理对于项目的重要性，就像指挥家对于一场音乐会，从项目开始到结束的整个过程中都发挥着至关重要的作用。在课程资源建设项目中，项目经理如果同时也是项目的具体实施人员，就不仅要有相关的课程专业知识，还要有丰富的项目管理技能及高超的领导力，以便指导和激励项目团队成员。

另外，随着项目环境的日趋复杂，在启动课程资源建设项目时另一个非常重要的工作就是识别项目相关方，也就是识别出哪些人能影响项目的成败，或者项目的实施会影响到哪些人。项目经理要识别这些相关方的利益诉求，并制订相应的计划加以管理。

这一阶段的主要任务是制订课程资源建设项目的各种计划和重要文件，作为项目实施过程中监控项目实际绩效并做出相应调整的依据。常见的项目计划有项目进度计划、项目成本进度、项目质量计划等。图 5-8 是根据 PMBOK 项目生命周期模型制定的项目综合控制图。

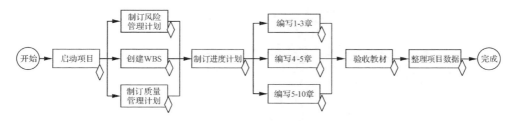

图 5-8　项目综合控制图

3．实施课程资源建设

实施课程资源建设阶段是整个课程资源建设项目中持续时间最长、成本和人力投入水平最高的阶段。在这个阶段中，项目团队根据前一阶段制订的各种项目计划，完成计划中规定的各种任务。具体来说，这一阶段涉及的主要教材编写任务如表 5-3 所示。

表 5-3　教材编写任务

任务	说明
编写教材	根据范围说明书和进度计划编写教材
实施质量保证	根据教材质量测试指标审计教材编写过程，确保教材依照正确的规范编写
项目沟通管理	收集和分发教材编写相关信息，保持项目相关方合理有效的沟通
项目团队建设	通过有针对性的活动增强教材编写团队的工作能力，改善团队工作氛围，提高教材编写质量
实施项目变更	根据教材编写计划，查找教材编写过程中出现的偏差，制订变更方案并监控变更方案的实施

4．结束课程资源建设

结束课程资源建设是指对已完成的课程资源建设成果进行验收，确保这些成果满足项目范围、进度、成本和质量等相关计划的要求。要想顺利验收课程资源建设的成果，必须在组织与准备课程资源建设时制定明确的交付成果验收标准。同时，结束课程资源建设还需要审查从项目启动至项目结束期间的所有文档或阶段记录，收集经验、教训信息，作为日后可以参考的项目资源。

很少有项目团队愿意在结束课程资源建设项目后还花时间收集项目信息，尤其是经验、教训信息。但是在 PMBOK 的基本观点中，对项目知识（如项目文档和经验教训）的管理是项目管理能力的重要体现，甚至在一定程度上影响组织的项目管理水平和项目成功率。

第三节 "1+X"证书制度改革

一、"1+X"证书制度概述

"职教20条"和《关于在院校实施"学历证书+若干职业技能等级证书"制度试点方案》(以下简称《试点方案》)明确提出,要在高等职业院校中启动"学历证书+若干职业技能等级证书"(简称"1+X"证书)制度试点工作。"1+X"证书制度是新时期国家在职业教育领域制定的战略性决策,为接下来相当长一段时间内的职业教育的改革发展指明了方向。"1+X"证书制度是具有中国职业教育特色的制度创新,其根本目的是通过育训结合、课证融通,培养更多高质量的复合型技术技能人才,满足国家社会经济转型发展需要,凸显了职业教育是一种类型教育的本质特征。"1+X"证书制度也为企业参与职业教育提供了一条崭新的途径。在"1+X"证书制度的众多参与者中,企业以培训评价组织的身份开发职业技能等级证书及标准,将行业和企业的新技术、新工艺、新规范和新要求引入人才培养过程,与职业院校合力提高人才培养的灵活性、适应性和针对性。从2019年9月启动"1+X"证书制度试点工作以来,教育部已先后组织多个行业企业开发建设了多个职业技能等级标准,涵盖建筑、物流管理、老年照护、汽车运用与维修、食品检验等领域。目前,"1+X"证书制度在各个职业院校正如火如荼地展开。高职院校应根据地区产业和职业岗位群的特点,结合本校的专业建设基础,按照职业需求和职业标准,选择适合院校本身的职业等级证书来重构课程体系与标准。高职院校应重点围绕人才培养方案,引入职业等级标准进行课程体系和课程标准重构,并对人才培养的全过程进行评价和调整。基于"1+X"证书制度的人才培养路径如图5-9所示。

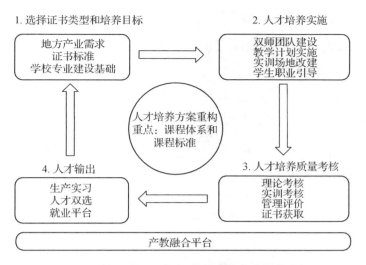

图 5-9　基于"1+X"证书制度的人才培养路径

二、高职院校实施"1+X"证书制度的现实困境

任何一项新制度的实施都会遇到诸多困难,"1+X"证书制度也不例外。作为融合教师、教材、教法改革的全新育人制度,"1+X"证书制度的试点工作面临来自制度、组织、保障等多个层面的障碍。从"三教"改革的角度来看,"1+X"证书制度主要有以下几个问题。

(一)教师素质与职业技能等级证书的考核要求不匹配

"1+X"证书制度是学历证书与职业技能等级证书的有机融合。作为职业院校的育人主体,教师主要关注的是学生取得学历证书所要满足的条件。一方面,教师要向学生传授专业知识,构建学科专业知识体系;另一方面,职业院校的教师大多毕业后直接从事教师职业,没有企业的实际工作经历,无法给学生传授日后工作所需的实操技能。这些因素造成目前职业学院的毕业生达不到企业的人才要求。

另外,职业技能等级证书培养评价组织以社会需求、企业岗位(群)需求和职业技能等级标准为依据,结合新技术、新工艺、新规范、新要求等开发的证书,能够较准确地反映学习者的职业技术能力。遗憾的是,很多教师面对这些证书时本身也是"新人",短时间内无法深刻领会证书的能力要求,进而影响"1+X"证书制度的推广和实效。

(二) 教材内容与职业技能等级证书的考核内容不匹配

根据《试点方案》的要求，培训评价组织应依据国家职业标准，借鉴国际国内先进标准，体现新技术、新工艺、新规范、新要求。这就在内容上确定了职业技能等级证书的先进性和时代性。反观当前职业学院使用的教材，大部分教材仍然采用传统的"章节"式结构编排。虽然有些教材采用项目式、情景式的方式，但也仅仅停留在表面，在教材编写思路、内容逻辑关系、教材配套资源等方面尚未达到新形态一体化教材的要求。

职业技能等级证书的考核内容具有先进性和时代性，反映了行业企业对于某一岗位或岗位群的特殊技能要求。教材是教学内容的集中体现和载体。如果教材内容与证书考核内容不能同向而行，很难想象学生能从中学到有助于通过证书考核并符合岗位需求的知识和技能。另外，围绕职业技能等级认证标准和教材内容，教材编写人员还要完成人才培养方案、专业教学标准、专业课程标准、题库等一系列配套资源的建设。职业技能等级证书与课程标准的融通是一个系统工程，也是当前"1+X"证书制度实施过程中许多职业院校普遍存在的短板。

(三) 教学方法与职业技能等级证书的考核理念不匹配

当前，在职业院校的日常教学工作中，教师仍以传统的课堂讲授为主，"教师讲，学生听"是知识传授的主要形式。学生在这种教学形式中被动地接受专业知识，内在的学习兴趣和求知欲得不到激发和提升。职业技能等级证书的目标是培养"一专多能"的复合型高素质技术技能人才。除了学历证书对应的专业知识外，"1+X"证书制度更注重职业技能等级证书反映的实操和应用能力。当前的教学方法不能有效兼顾理论教学和技能培养，其结果是学生培养规格和质量与市场需求脱节的问题日益严重，职业教育的适应性和针对性也得不到保障。

三、基于"1+X"证书制度的"三教"改革措施

"1+X"证书制度将职业技能等级证书引入职业院校人才培养过程，有助于提高职业教育的适应性和针对性。与此同时，"1+X"证书制度的引入对职业院校教师、教材和教法提出了新的要求，迫切需要解决"谁来教、教什么、怎么教"的问题，即"三教"改革。实施"1+X"证书制度的重心是推动

"三教"改革。苏州工业园区服务外包职业学院计算机网络技术专业于2020年12月开展网络系统建设与运维（中级）证书试点。两年来，学校通过推动"三教"改革，提高教师队伍综合素质，打造模块化和新形态一体化教材，引入企业真实项目案例，促进"岗课赛证"融通，有效推动了"1+X"证书制度在该校的落地实施，对提高教师综合素质及人才培养质量都起了积极的推动作用。

（一）教师改革措施

教师是"1+X"证书制度中的育人主体，也是"三教"改革的关键所在。"1+X"证书制度的成功实践需要有一支专业素养高、技能硬的教师队伍。教师通过亲自参与实施网络系统建设与运维（中级）证书试点，能够进一步掌握行业、企业的实际人才需求和岗位技能要求，提升自身专业素养和技术技能水平。

（1）从学校层面看，学校为参与实施"1+X"证书制度试点的教师提供了机会和平台。日常教学、科研、学生管理及其他行政事务使教师无法为"1+X"证书制度试点工作分配更多时间，考虑到这一现实问题，学校从建章立制的角度，充分调动教师参与"1+X"证书制度试点的积极性。例如，学校将"1+X"证书的参与度作为教师职称评审、绩效考核和定岗定级的考虑因素，保证教师从工作中得到成就感和切实利益。对于积极主动参与"1+X"证书制度试点的教师，学校适当减少其在其他方面的工作量，保证教师能够有足够的时间完成有关"1+X"证书的教学和培训。

（2）在教师能力提升上，学校充分认识到提升教师能力是保障"1+X"证书制度试点顺利进行的必要前提，因此积极组织教师参加专业技能研修班和培训。到目前为止，学校已有9位骨干教师参与华为公司主办的网络系统建设与运维培训班并取得相应的培训证书。通过与证书相关的培训机构合作，教师对职业技能等级认证标准有了进一步的认识，掌握了标准所要求的新技能和新规范。除此之外，教师还接受了课程设计等方面的培训，并与行业企业的专家共同设计教学项目案例和考核标准。

（3）在教师队伍结构建设上，学校借助"1+X"证书制度大力促进校企双方实现师资"互聘互通"，为企业参与职业教育人才培养提供平台。具体来说，学校组织骨干教师深入企业一线工作岗位，参与企业真实项目，锻炼教师的实操技能。同时，学校邀请行业企业的能工巧匠参与学校"1+X"证书培训，助力学校"双师"结构教师队伍建设。

（二）教材改革措施

"1+X"证书制度不是学历证书与职业技能等级证书的简单叠加。实际上，这两种证书的考核目的、考核内容、评价方法不尽相同。"1+X"证书制度的核心是"课证融通"。学历证书与职业技能等级证书分别对应专业教学标准和职业技能等级标准。教材是考核标准的重要载体和集中体现，学校在试点之初就把建设满足"课证融通"要求的教材作为推行"1+X"证书制度的重点工作。

首先，学校组织骨干教师和企业专家深入研究专业教学标准和职业技能等级标准，采用分解法解构证书知识点和技能点。具体来说，将职业技能等级标准分解为相应的工作任务和技能要求，并转化为专业教学标准的教学内容。表5-4展示了网络系统建设与运维（中级）证书和专业教学标准的部分内容。

表5-4 网络系统建设与运维（中级）证书标准的部分内容

	等级证书		教学内容	
工作岗位	工作任务	技能要求	知识目标	能力目标
系统配置调测	交换网络部署	能够理解VLAN含义及VLAN配置	VLAN的基本概念和作用	（1）掌握VLAN的基本配置方法 （2）掌握VLAN间路由配置方法
	路由协议部署	能够理解静态路由与动态路由的应用场景和配置	静态路由和动态路由的基本概念和特点	（1）掌握静态路由的配置方法 （2）掌握RIP和OSPF的配置方法
	网络协议部署	能够理解DHCP协议原理并完成配置	DHCP的应用场景和工作原理	（1）能够说明DHCP的工作原理 （2）掌握DHCP的配置方法
系统运维	周期性巡检	能够完成机房环境和设备状态日常巡查	巡查的工作流程和规范	（1）能够完成机房环境和状态巡查 （2）能够优化机柜设备和线路布局
	网络故障处理	能够完成网络连通性等基础故障排查	故障排查的流程和规范	（1）能够完成网络基础故障排查 （2）能够快速完成设备业务恢复

其次,根据标准的梳理结果,骨干教师与企业专家共同编写校本教材,将企业的新技术、新工艺、新规范和新要求转化为教材内容,使教材内容符合企业实际生产需要。教材采用项目式编排教学内容,包括引例导入、知识准备、项目实训、知识拓展等模块,将知识点和技能点分散至多个情景案例中。同时,教学团队围绕教材重构专业课程体系,开发面向"1+X"证书的模块化课程,实现"课证融通"。

最后,教学团队进一步拓宽教材概念,将其延伸至与之相关的人才培养方案、专业教学标准、课程标准及配套的信息化资源等。建设立体化的教学资源有助于教师开展线上线下混合式教学,拓宽学生学习空间,符合现代教学模式的发展需要。

(三)教法改革措施

在网络系统建设与运维(中级)证书的教学与培训过程中,学校提倡采用"翻转课堂+项目引领"的教学思路,构建课内课外一体、线下线上混合的教学新模式。骨干教师和来自企业的培训师将全部教学内容整合为一个接近企业实际案例的项目,并根据教学内容之间的逻辑关系将项目划分为若干任务,每个任务则包含证书的若干考核要点。教师和培训师通过慕课平台向学生下发预习资料,并通过慕课平台收集统计学生的学习信息,灵活调整课堂教学的重点和难点。在课堂教学中,学生以小组为单位完成任务练习,并以小组竞赛的形式调动学生积极性,增强竞争意识。相比于"教师讲,学生听"的传统课堂教学方式,这种教学模式更加活泼、高效和灵活。

探索"全过程多维度"的教学评价方式也是学校开展"1+X"证书制度教学方法改革的重要方面。利用慕课平台的数据统计及分析功能,教师可以准确掌握学生的课堂参与程度和学习效果,并将其作为学生的平时成绩折算为课程总成绩。在激励机制方面,学校建立了职业技能等级证书考核成绩与课程学分的转换机制。通过证书考试的学生可选择免修相应的专业课程。

四、基于"岗课赛证"融通的"1+X"证书制度实施路径

"1+X"证书制度已成为各职业院校提高人才培养质量和促进专业发展的重要抓手。然而,"1+X"证书制度并没有标准的模板或统一的实施路径可循。事实上,各职业院校在实施"1+X"证书制度过程中遇到的问题和困难也恰恰说明，作为一种全新的技术技能人才培养模式，"1+X"证书制度距离实现预期的目标还有很长的路要走。对此，有不少学校结合自身实际，不断探索尝试，开发出具有自身特色的实施路径。

苏州工业园区服务外包职业学院计算机网络技术专业自2020年组织学生参加网络系统建设与运维（中级）职业资格证书认证以来，从专业建设、课程改革、"三教"改革、职业技能竞赛等多方面进行研究，探索出一套基于"岗课赛证"融通的"1+X"证书制度实施方案。

（一）以课程改革为核心，构建分层递进的课程体系

"岗课赛证"融通模式的核心是课程改革，其他几方面的改革最终都要通过课程改革来落实。因此，课程改革是学院实施"1+X"证书制度的重点工作。

1. 实施岗位测距，从岗位需求中提取教学内容

职业资格等级证书反映了实际工作岗位所需的职业技能和职业素养。因此，培养符合岗位需求的技术技能人才是推进"1+X"证书制度的出发点和落脚点。这也是提高职业教育适应性，使学生"毕业即能上岗"的必要之举。计算机网络技术专业面向的工作岗位包括网络系统运维、网络系统集成和网络应用开发等。学校计算机网络技术专业"1+X"实施团队走访多家合作企业，通过线上线下相结合的方式深入调查了解网络专业的发展趋势、技术标准，与企业管理人员和工程师一起分析网络专业的典型工作岗位、工作任务和工作过程，重点关注每个工作岗位的技能要求，并将其作为确定教学内容的重要依据。例如，网络运维岗位要求学生既具备网络规划和网络管理能力，又具备一定的客户沟通和文档撰写能力。在实际教学中，教师往往重点培养学生的前两种能力，对于后者则不做过多要求。其结果是，学生进入职场后因与同事或客户沟通不畅而容易产生误解，或者撰写的文档格式混乱。

2. 重构课程体系，实现"三个对接"

课程改革是一项系统工程。在"1+X"证书制度的背景下，课程改革涉及人才培养方案、教学目标、教学内容、考核方式及"三教"改革等方面的诸多内容。

（1）构建分层递进的课程体系。

根据专业定位和人才培养方案要求，学校计算机网络技术专业分为Cisco

网络专业、锐捷与云计算等几个专业方向。每个专业方向的学生都可以考取网络系统建设与运维（中级）证书。整个专业的课程体系按照"底层共享、中层独立、高层互选"的原则构建，以专业素质为根本、专业技术能力为主干，注重培养学生的跨界能力。在设置具体的专业课程时，学校从岗位技能需求和证书考核要求出发，以企业典型工作场景和项目为载体，使教学标准对接岗位标准、教学过程对接生产过程、教学内容对接证书考核内容。

（2）通过课程置换实现书证融通。

"1+X"证书制度产生的一个直接影响是学生要学习的内容变多了。除了原本与学历证书相关的课程外，可能还要另外学习因职业资格等级证书而新设的课程。如何做到"赋能不增负"是"1+X"证书制度对学校管理人员及教师提出的现实挑战。针对这一问题，学院计算机网络技术专业"1+X"实施团队本着"部分对接、补差强化"的总体原则进行课程改革。首先，学校组织计算机网络技术专业骨干教师及企业技术人员对网络系统建设与运维（中级）证书考核内容进行解构，明确哪些内容已包含在当前的课程标准中，哪些尚未包含。对于后者，在学时允许的前提下，通过对已有教学内容的删减或合并，适当增加部分证书考核内容。这种"部分对接"的融合方式既不会增加学生的正常学时，又能基本覆盖大部分证书考核内容。另外，"补差强化"意在对证书考核内容中的重难知识点进行针对性的强化训练，使得部分学有余力的学生能够考出高分。从结果来看，"部分对接、补差强化"的培养策略对于提高学生的考证通过率具有直接的促进作用。

（二）发力于技能竞赛，"赛教"融合促进教学改革

学校"1+X"证书实施团队积极探索将技能竞赛融入课堂教学的实施方案。由于技能竞赛考核难度相比证书要高，因此，团队在深入分析和充分讨论的基础上，将技能竞赛的考核内容和评价标准引入人才培养方案和相关课程标准。另外，团队对技能竞赛进行项目化改造，将竞赛考核内容整合为一个学期项目，让学生以小组为单位在两周的时间内完成项目的需求分析、设计、实施和验证。近两年，学校从通过证书考试的学生中选拔优秀学生参加高职院校网络系统管理技能大赛，并连续两年获得国赛一等奖。同时，教师邀请技能大赛获奖学生担任助教参与证书培训工作及学期项目指导，形成"以赛促教、以赛促学、以赛促考"的良性循环。

（三）深化产教融合，促进企业深度参与人才培养

"1+X"证书制度为企业参与高职人才培养提供了一条全新的路径。同时，"1+X"证书制度的推行也离不开企业的广泛参与和大力支持。基于长期紧密的合作关系，相关合作企业深度参与了学院"1+X"证书制度实施的全过程。首先，校企双方联合组建"1+X"证书实施团队，分析、研讨证书考核标准和内容；其次，校企双方联合制定人才培养方案和课程标准，合作开发证书相关教材及配套教学资源；最后，校企双方依托校企ICT产业学院实施现代学徒制，通过"师傅带徒弟"的形式培养学生实际操作技能和职业素养。在这个过程中，学生不但有机会将学校所学知识应用于实际生产业务，实现学以致用，还能逐渐熟悉企业文化，为日后的实习、就业打下基础。

第四节 专业群人才培养案例

下面以苏州工业园区服务外包职业学院计算机网络技术专业群为例，介绍该专业群核心专业人才培养方案中涉及的课程体系。

一、完善模式体系，校企协同培养人才

（一）优化人才培养模式

学校在"跨界融合"人才培养理念的基础上，根据专业群发展的特点和工业互联网产业人才标准，学院、企业与技能工作室三个培养主体形成命运共同体，构建了学院主导、产教融合、合作共赢的"333"信息与通信技术人才培养模式，如图5-10所示。该模式包含理实一体的基础与理论教学、分层多元的实训教学与真实场景的实践教学三个阶段，职业素养平台、专业技能平台与创新创业平台三个教育平台，进一步践行了"跨界融合"的人才培养理念。

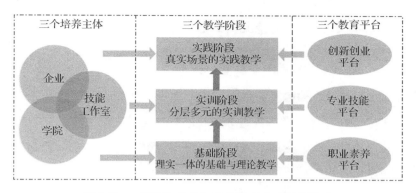

图 5-10　"333"信息与通信技术人才培养模式

（二）重构"分层多元、跨界互选"的个性化课程体系

计算机网络技术专业群依托学校"2+3"课程体系，依托"跨界融合型人才培养"弹性学分制选课模式，加强对行业企业的调研，与行业、企业专家共同探讨，在大一学生完成公共职业素养课程之后，按照信息与通信技术人才需求分成了专业群各个专业的专业方向，以技能为引导、项目为驱动，由各个技能工作室对大二学生开展项目化实训教学；利用创新创业平台、校外实习基地加强对学生的实践锻炼。

该课程体系通过"跨界任选""跨界限选""跨界互选"三个层面推进了不同专业间的课程融通，满足了跨界融合型人才培养的需求。另外，通过"素质为根、专业为干、能力跨界"三层递进的课程序列，形成了"通识类""专业类""第二专业类"分层课程体系。建设团队按照课程体系结构，制定不同层次和功能定位的模块课程，使课程模块间层层递进，形成基于工作过程的"分层多元、跨界互选"的个性化课程体系。

（三）培养跨界融合的复合型技术技能人才

面对新产业、新技术、新工艺，根据工业互联网产业人才需求特点，学校以立德树人为根本任务，培养符合地区产业的跨界融合的复合型技术技能人才。研究人才培养标准和机制，以"1+X"证书制度为抓手，以"分层多元、跨界互选"的个性化课程体系为依托，融合创新创业教育，真正实现人才培养新的突破。

二、加强教学改革，实施混合式教学模式

（一）实施思政课程与课程思政融合教育

建设团队坚持以立德树人为根本任务，践行全员育人、全程育人、全方位育人的"三全育人"理念，在建设好思政课程的同时，研究所有课程融入课程思政内容的方法与思路，全面实施课程思政教学改革，深化教育教学改革，充分挖掘各类课程思想政治资源，发挥好每门课程的育人作用，全面提高人才培养质量。

（二）实施线上线下混合式"全课"教学改革

建设团队围绕"互联网＋教育"教学改革趋势，利用在线开放课程教学平台，加强课前、课中、课后教学环节建设，重点建设线上优质课程资源，将传统课堂教学与翻转课堂、线上教育等教学手段利用信息技术有机结合，形成一套科学有效的线上线下混合式教学改革模式，以学生为中心、课程资源为载体，强化教师在教学过程中的引导作用，培养学生自主学习、自我管理、自我探索等综合素养，打造师生命运共同体。

建设团队围绕高阶性、创新性、挑战度，高职院校金课建设的落脚点在于建设品质课堂，提升课程教学的有效性。只有抓住课堂这个核心地带，高职教育才能真正发展。

建设团队通过职业院校和企业对该课程的教学过程、教学成效等方面的调研分析，找出课程中的"水分"，有针对性地重构课程架构，将项目贯穿于教学全过程，形成一套体现金课"两性一度"的课程教学内容；通过改革课堂教学，在原有在线开放课程评价课堂实施的基础上，注重课堂品质提升，重点设计课堂教学师生互动环节，营造课堂氛围，形成金课建设标准下的线上线下混合式教学模式；在原有在线开放课程学生学习行为量化考核的基础上，强化任课教师过程化考核，重点考查学生项目实践能力，增加企业工程师面试考核等环节，形成多维度、全方位的教学评价体系。

（三）开发新形态教材

建设团队引领信息化技术在教学环境建设、教学资源建设、教材改革、教学模式与方法创新方面的应用。以企业岗位需求为导向，推进校企"双元"合作开发教材，建立教材动态修订机制，与企业共同开发基于互联网的新型活页

式、工作手册式等立体多元化优质教材,以纸质教材为载体,利用二维码技术嵌入试题库、微课、动画、音频、图片等多媒体资源,实现书网互动、辅教助学,对接新岗位、新技术、新技能的发展,助力学生进行自主探索式学习;推行课堂革命,构建师徒学习共同体,弘扬工匠精神,培养工匠能力,将课堂变成"技能训练场""素养助推器",将学生的实践能力、职业能力、心理健康素质等多元内容纳入教学评价体系,培养跨界人才。

三、强化技能水平,打造高水平教师团队

(一)打造高水平师资团队

建设团队全面贯彻党的教育方针,坚持"四个相统一",推进全员育人、全程育人、全方位育人。团队教师注重坚守专业精神、职业精神和工匠精神,践行社会主义核心价值观,以德立身、以德立学、以德立教,把师德师风、立德树人建设成效作为检验教育战线一切工作的根本标准,健全立德树人落实机制。建设团队健全全员育人、全程育人、全方位育人的体制机制,坚持将德育融入教育教学全过程,充分发挥课堂教学主渠道作用和各学科的德育功能。在专业群建设期内,建设团队定期开展师德师风建设与考评工作,把教师团队立德树人建设放在所有建设工作的首要位置去完成,打造一支德技双馨的师资团队。

建设团队制定一系列产业教授遴选和培育管理办法,遴选和聘用产业界知名企业家、高技能人才,与校内专业带头人、教学名师组成专兼结合的专家团队,将产业一线管理、生产经验引入人才培养过程、传授给校内专业教师,形成产教融合集成平台专家智囊团,为集成平台及学校的发展出谋划策。在建设期内,每年遴选部分园区龙头企业、知名企业创始人、高技能人才作为产业教授培育对象,并制定一系列鼓励政策和管理办法,组建专家智囊团,争取申报省级或国家级产业教授。

在产业教授团队带动下,建设团队选拔一批专业技能强、教学经验丰富的学科带头人、优秀骨干教师,并将他们培育成行业企业领军人才、大师名匠,在指导学生技能竞赛、行业企业技能大赛、教学能力竞赛等方面起到引领示范作用,能带领行业企业一线员工实现产品更新、技术革新、服务创新。在建设期内,在产业教授带领下每年有计划培育学科带头人、优秀骨干教师,力争培

育教师成为省市级领军人才或高技能人才，在各类技能竞赛、企业技术研发中有突出标志性成果。

建设团队深化和完善团队建设管理机制。完善专业教师的岗位标准、外聘教师的评价考核标准，实施动态准入退出机制。完善专业教师的绩效考核标准，将教师工作绩效评价与双师能力、职业技能证书、校企轮岗、职称等挂钩。制定课程模块化教学团队的建设与管理机制，完善教师国际交流、学习、合作的保障机制。

（二）强化教师实践能力

建设团队推进校内教师入企挂职进修、企业员工入校教书育人工作，把校企双方员工岗位互换、取长补短落到实处，全面提升专兼教师队伍的教学水平、技艺水平。校企双方共同实施各类技术研发、技术服务项目，形成共生互融的专兼职教师资源库，使教师团队结构得到不断优化。在建设期内，学校每年完成一批教师的入企挂职进修计划，进修时间不少于 2 个月，三年完成 100% 教师挂职进修计划。建设不少于专业教师人数的兼职教师资源库，遴选和培训企业兼职教师入校指导学生理实一体教学活动，建成不少于 50 人的兼职教师资源库，实现企业兼职教师完成专业课授课学时比例超过 30%，校企双方共同参与完成各类横向项目，总量与金额达到较高水平，努力打造国家级教学团队。

学校每年组织教师参加信息化教学能力培训与测试，增强教师信息化教学能力。定期开展教师利用智慧教室组织模块化课堂教学的技能培训，形成团队合作的模块化教学组织方式。鼓励教师参加教学资源设计与开发课程能力培训，组织教师参加全国职业院校技能大赛教学能力比赛。

（三）拓宽教师国际视野

推进教师团队到境外访学、进修计划，拓宽教师国际视野，吸收境外优秀办学理念、人才培育方式和教学模式。紧跟国家"一带一路"政策，传播我国优秀传统文化，实施"走出去"战略。

四、深化产教融合，打造一流实训基地

（一）深化产教融合实践教学体系

建设团队依据专业群技术基础相同、技能领域相近、职业岗位相关的特

点，全面对接工业互联网的岗位技能标准。根据以"基本技能—专业技能—岗位技能—创新创业技能"为主线的进阶式实践教学体系，将实践技能的培养划分为三个环节。

（1）课程实验。这个阶段的实验以基本技能训练为主。在专业学习领域的学习过程中，建设团队安排相应的课程项目实验或知识验证型案例，以帮助学生熟练掌握开发环境的设置。

（2）项目实训。这个阶段的重点是专业技能的培养，主要以小规模的实训项目实施对学生专业技能的培养。此阶段在校内实训基地完成。在建设期内，建设团队将重点与南京嘉环科技有限公司深度合作共建"嘉环ICT学院"，由嘉环公司提供已经成熟的真实的项目案例，由专业教师和联想工程师进行适当的加工改造后，加到项目实训资源库中。同时以小规模的真实企业项目加强对学生专业综合技能的培养。

（3）生产实践。这个阶段的重点是通过顶岗实习的方式加强学生岗位技能的培养。学生在校外企业生产实践基地或在校内工作室、创业企业实习时，由企业的"岗位导师"完成岗位技能指导。在生产实践基地，学生以准员工的身份完成企业分配的工作任务，参加企业实际项目。通过签订学校、家长、学生、企业四方协议，建设团队加强顶岗实习过程管理。顶岗实习期间的管理依托校企双方共同进行。企业视顶岗实习的学生为正式员工，采用统一的管理标准；校内指导教师定期下企业了解学生情况，关心学生生活，加强学生思想教育工作，进行专业指导，并且与企业的"岗位导师"沟通交流，及时了解学生的实习情况，填写《实习指导手册》；学生严格遵守企业的管理制度，在"岗位导师"的指导下认真完成工作任务，并填写《实习手册》。顶岗实习的考核采取校企双方共同参与的方式。

（二）建设综合实训基地

建设团队创建工业互联网综合实训基地。2013年，信息工程学院获得了中央财政的支持，建立了基于桌面虚拟化技术的"云实训平台"。在此基础上，本专业群组建面向工业互联网的"教学实训室、校内实训基地、企业实践基地、创新创业基地"综合实训基地（图5-11），以实现"基本技能、专业技能、岗位技能、创新创业技能"综合技能训练，突出对学生动手能力的培养。

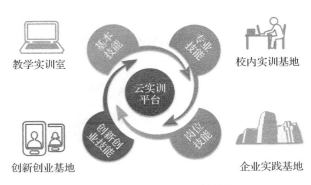

图 5-11　基地化综合实践教学体系

（三）完善管理与评价机制

建设团队建设实践教学管理与评价机制。完善实践教学管理办法，建设实践教学管理系统。实施基于教学活动行为的智能实践管理，完善基于行为大数据的实践教学管理与评价机制，精准跟踪与分析教学过程，实现对教学过程、教学效果的智能评价，全面增强学生的认知能力、合作能力、创新能力和职业能力。

第六章

专业群动态调整机制

第一节 专业群动态调整概述

一、专业群动态调整的目的

专业群的各个专业不是简单的排列组合，而是在适应产业不同周期过程中展示出灵活性和成长性，需要根据产业岗位群的发展变更而进行调整。总的来说，专业群调整的目标可概括为使专业群布局更加合理，专业特色更加鲜明，专业优势更加凸显，与区域产业转型升级更加匹配，与产业链、创新链、人才链衔接更加紧密。这要求专业群调整立足高职人才培养需要和区域经济社会发展需求，在"存量整合、增量创新、做强优势、提质增效"四个方面下功夫，严格把控新专业申报，调整或撤销实力较弱、特色不明显且与地方经济社会发展脱节的专业。

二、专业群动态调整的意义

（一）有利于高职院校适应国家政策、对接国家和社会需求

专业群因产业群而建，随产业发展而变。专业群建设应围绕国家战略导向、市场社会需求和专业逻辑深化规律进行动态调整，这是专业群建设对接国家和社会需求、满足经济社会发展对人才的需要的正确做法和必然要求。

（二）有利于高职院校优化专业布局，深化专业群结构性改革

高职院校通过专业群调整适应社会经济发展的新需求，构建合理的专业群结构和体系。当前，我国高职院校人才培养存在与企业需求脱节的现象，专业群建设未与产业行业发展紧密对接，高职毕业生无法满足企业的实际用人需求。从人才供需角度看，有些专业人才培养趋同，人才供应超出企业实际需求。另外，高职院校未能及时开发新专业以适应某些新兴行业。通过专业群调整，高职院校可以不断优化专业结构、深化人才培养模式改革，在专业供给侧结构性改革中发挥积极作用。

（三）有利于高职院校增强竞争力，实现内涵式发展

当前，高职院校已开始从大规模扩展转向内涵式的高质量发展之路。专业群作为高职院校提高发展质量、实现内涵式发展的重要抓手，不应始终保持立项之初的状态。面对新的发展需求，高职院校通过专业群调整可以更好地把握国家创新驱动发展战略、对接战略性新兴产业发展方向，在坚持办学特色的条件下，依据自身优势促进高质量发展。

（四）有利于高职院校提高人才培养质量，促进学生全面发展

人才培养是专业群建设的出发点和落脚点。在不断变化的外部环境中，专业群动态调整可以帮助高职院校将有限的教学资源分配到社会经济发展亟须的专业中，促使高职院校围绕重点专业开展人才培养。专业群动态调整还有助于高职院校打破专业边界，推动各专业不断融合，通过专业资源的共建共享满足学生的个性化发展和多样化培养需求。

第二节　专业群动态调整困境

构建专业群动态调整机制没有捷径，也不可能一蹴而就，而是要在各种因素的相互作用下逐步推进。当前，高职院校专业群动态调整面临着一系列问题。

一、市场自发调节机制失灵，效果不明显

在宏观层面上，市场就像一只"无形之手"，通过在学校、专业群之间合理分配资源使其形成竞争关系。同时，市场通过调节学生"就业难"和企业"用工荒"之间的供需矛盾，促进专业群动态调整。其中，比较直观且具有导向作用的市场指标包括高职院校专业排名、毕业生对口就业率和企业满意度等。遗憾的是，政府的宏观政策和相关约束、学校自我发展定位、市场信息传播机制等都会影响市场机制有效发挥作用，市场的自发调节机制效果不明显。

二、高职院校缺少专业调整自主权，灵活性不足

在市场经济时代，我国的专业设置逐步转向适应市场经济自发调节的政府宏观调控模式。与此同时，高职院校也获得了一定的办学自主权和专业设置自主权。与国外不同，我国目前仍然从国家层面对高职院校的专业进行统一规划和调整，出台国家层面的高职院校专业目录。这种统一的规划和调整为高职院校设置专业设定了最大范围。因此，虽然政府赋予高职院校一定的专业调整自主权，但受限于种种规定，高职院校难以根据市场经济的需求和区域经济的发展灵活调整专业。

三、行业及第三方认证作用缺失，评估机制不完善

行业及第三方的专业认证对构建专业群动态调整机制至关重要，这一点在国外很多专业的设置和调整中体现得尤为明显。有的国家设置专门的行业认证机构对高等学校资格和专业资格进行认证，政府根据行业认证结果决定资源分配和支持力度。在我国，虽然政府也出台了许多政策文件鼓励行业、企业参与职业教育办学，但从总体来看，企业参与积极性不高，校企合作深度不够，行业和第三方认证机制受限于诸多因素，无法有效发挥作用。

四、高职院校自身专业调整不当，具有盲目性

首先，高职院校在专业调整上缺乏统筹规划，重立项轻建设。一些高职院校的专业建设和调整缺乏深入的专业调研和认证，对地区产业布局认识不清，专业群发展定位不明确。其次，高职院校专业调整流于形式，重调整轻实效。

每当国家出台新的专业目录,部分高职院校即根据专业目录增减专业种类和数量,但在关键的专业建设内涵、专业人才培养方案和课程设置等方面并没有深耕细挖。因此,这种表面上的专业调整并不能有效提高人才培养质量。

第三节 专业群动态调整机制

一、专业群动态调整原则

专业群动态调整的总体原则是坚持以需求为导向,立足区域经济发展现状,积极适应产业发展和技术革命,提高专业群适应性。

(一)立足产业发展现状,保持适度前瞻性

专业群是高职院校为产业经济发展提供技术技能人才的重要途径。高职院校的专业结构受到经济结构的制约。高职院校应主动适应区域经济结构的调整变化,根据产业结构升级和经济发展,优化专业结构,合理分配教育资源。有学者提出,高职院校要以社会经济发展需求为驱动,从产业结构调整和技术结构转变的需要出发,优化专业结构,即瞄准科技发展的前沿和趋势,努力占领制高点;创造条件开设经过市场调研和论证确实需要的专业,积极填补空白点;支持具有较大的社会需求和良好的发展势头的专业,大力培植生长点;积极关注国民经济和社会发展纲要中提出的要重点发展的区域、领域和项目,主动对接经济社会发展的需求点。

(二)发挥市场引导作用,体现需求导向原则

当前,高职教育结构性矛盾较为突出,人才培养质量和规格无法满足市场需求,主要体现在学生"就业难"与企业"用工荒"等问题上。高职院校以培养高素质技术技能人才为目标,专业群建设也应瞄准区域人才市场需求,面向人才市场设置专业,并根据人才市场供需变化相应调整专业群结构。要发挥市场的引导作用,高职院校应重点关注和处理两方面的预期。第一,生源供给侧的预期,即学生及家长对学校和所学专业的预期。如果能够有效引导和管理这种预期,高职院校就能招到学生,维持合理的在校生规模,满足基本的专业

生存需要。第二，人才需求侧的预期。高职院校专业群应围绕市场需求设置专业，主动适应国家战略和区域经济发展需要，助力科技进步和技术创新，最大限度满足行业企业对高素质技术技能人才的需求。

（三）整体优化与特色发展协同推进

专业群是由多个具有共同或相似的专业技术课程和基本技能要求的专业组成的有机整体。一方面，专业群的动态调整要求从整体上把握专业群的组群逻辑和各专业间的相互关系，从全局角度合理布局优化专业结构、促进专业协同发展、提高专业群整体建设水平；另一方面，特色是高职院校打造办学品牌、增强核心竞争力和实现内涵发展的关键，因此，专业群的动态调整还要立足学校办学传统和办学特色，强化特色专业建设，避免专业建设千篇一律，推动专业错位发展。

二、专业群动态调整路径

（一）建立专业信息化平台，收集并更新专业数据信息

高职院校要利用现代信息技术，建设专业信息化平台，为专业群动态调整提供数据信息支持。专业群动态调整所需的数据信息主要通过以下三种途径获得。第一，高职院校对校内学生进行调研，获得在校生对专业课程设置、教学方法、校企合作、实习就业指导等方面的评价；第二，从政府相关主管部门或行业主导的调研和统计工作中获得关于区域经济发展的相关信息，如产业布局、企业信息、经济发展趋势等；第三，根据第三方专业机构提供的毕业生就业状况、就业跟踪信息和就业问题分析报告研判毕业生就业市场信息，并据此对专业课程和人才培养模式进行有针对性的调整，增强毕业生的就业能力和岗位迁移能力。

（二）构建专业群评估和监督机制，促进专业群持续改进

高职院校专业群的动态调整依赖内外部的双重评估和监督机制，最终促成专业群的持续改进。

第一，专业群调整应依据评估标准进行，保证调整过程的科学性和有效性。制定专业群建设评估标准需要多元主体（包括高职院校管理人员和专业教师、在校生和毕业生、行业企业专家、第三方认证机构等）的广泛参与。一方面，评估指标包括人才培养质量，即学生的知识、能力和素质目标的达成度；另一方面，评估指标还包括专业建设成效和招生就业情况等。

第二，专业群建设的评估主体要体现多元化。虽然目前高职院校会根据上级主管部门的要求进行自我评估，但这种既当"选手"又当"裁判"的评估方式很难真正发现问题，其评估结果自然无法促进专业群建设的持续改进。因此，除了建立自我评估机制外，高职院校还需要引入第三方评估机制，按照统一的评估标准对专业群建设开展独立评估，通过对高职院校内部和外部利益相关人员的访问调查评判专业群建设的优点和不足。其评估结果可作为高职院校调整优化专业群结构、改革人才培养模式和实现持续改进的重要依据。

附 录

国务院关于印发国家职业教育改革实施方案的通知

国发〔2019〕4号

各省、自治区、直辖市人民政府，国务院各部委、各直属机构：

现将《国家职业教育改革实施方案》印发给你们，请认真贯彻执行。

国务院

2019年1月24日

国家职业教育改革实施方案

职业教育与普通教育是两种不同教育类型，具有同等重要地位。改革开放以来，职业教育为我国经济社会发展提供了有力的人才和智力支撑，现代职业教育体系框架全面建成，服务经济社会发展能力和社会吸引力不断增强，具备了基本实现现代化的诸多有利条件和良好工作基础。随着我国进入新的发展阶段，产业升级和经济结构调整不断加快，各行各业对技术技能人才的需求越来越紧迫，职业教育重要地位和作用越来越凸显。但是，与发达国家相比，与建设现代化经济体系、建设教育强国的要求相比，我国职业教育还存在着体系建设不够完善、职业技能实训基地建设有待加强、制度标准不够健全、企业参与办学的动力不足、有利于技术技能人才成长的配套政策尚待完善、办学和人才培养质量水平参差不齐等问题，到了必须下大力气抓好的时候。没有职业教育现代化就没有教育现代化。为贯彻全国教育大会精神，进一步办好新时代职业教育，落实《中华人民共和国职业教育法》，制定本实施方案。

总体要求与目标：坚持以习近平新时代中国特色社会主义思想为指导，把职业教育摆在教育改革创新和经济社会发展中更加突出的位置。牢固树立新发展理念，服务建设现代化经济体系和实现更高质量更充分就业需要，对接科技发展趋势和市场需求，完善职业教育和培训体系，优化学校、专业布局，深化办学体制改革和育人机制改革，以促进就业和适应产业发展需求为导向，鼓励和支持社会各界特别是企业积极支持职业教育，着力培养高素质劳动者和技术技能人才。经过5—10年左右时间，职业教育基本完成由政府举办为主向政府统筹管理、社会多元办学的格局转变，由追求规模扩张向提高质量转变，由参照普通教育办学模式向企业社会参与、专业特色鲜明的类型教育转变，大幅提升新时代职业教育现代化水平，为促进经济社会发展和提高国家竞争力提供优质人才资源支撑。

具体指标：到2022年，职业院校教学条件基本达标，一大批普通本科高等学校向应用型转变，建设50所高水平高等职业学校和150个骨干专业（群）。建成覆盖大部分行业领域、具有国际先进水平的中国职业教育标准体系。企业参与职业教育的积极性有较大提升，培育数以万计的产教融合型企业，打造一批优秀职业教育培训评价组织，推动建设300个具有辐射引领作用的高水平专业化产教融合实训基地。职业院校实践性教学课时原则上占总课时一半以上，顶岗实习时间一般为6个月。"双师型"教师（同时具备理论教学和实践教学能力的教师）占专业课教师总数超过一半，分专业建设一批国家级职业教育教师教学创新团队。从2019年开始，在职业院校、应用型本科高校启动"1+X"证书制度试点工作。

一、完善国家职业教育制度体系

（一）健全国家职业教育制度框架

把握好正确的改革方向，按照"管好两端、规范中间、书证融通、办学多元"的原则，严把教学标准和毕业学生质量标准两个关口。将标准化建设作为统领职业教育发展的突破口，完善职业教育体系，为服务现代制造业、现代服务业、现代农业发展和职业教育现代化提供制度保障与人才支持。建立健全学校设置、师资队伍、教学教材、信息化建设、安全设施等办学标准，引领职业教育服务发展、促进就业创业。落实好立德树人根本任务，健全德技并修、工学结合的育人机制，完善评价机制，规范人才培养全过程。深化产教融合、校企合作，育训结合，健全多元化办学格局，推动企业深度参与协同育人，扶持鼓励企业和社会力量参与举办各类职业教育。推进资历框架建设，探索实现学历证书和职业技能等级证书互通衔接。

（二）提高中等职业教育发展水平

优化教育结构，把发展中等职业教育作为普及高中阶段教育和建设中国特色职业教育体系的重要基础，保持高中阶段教育职普比大体相当，使绝大多数城乡新增劳动力接受高中阶段教育。改善中等职业学校基本办学条件。加强省级统筹，建好办好一批县域职教中心，重点支持集中连片特困地区每个地（市、州、盟）原则上至少建设一所符合当地经济社会发展和技术技能人才培养需要的中等职业学校。指导各地优化中等职业学校布局结构，科学配置并做大做强职业教育资源。加大对民族地区、贫困地区和残疾人职业教育的政策、金融支持力度，落实职业教育东西协作行动计划，办好内地少数民族中职班。完善招生机制，建立中等职业学校和普通高中统一招生平台，精准服务区域发展需求。积极招收初高中毕业未升学学生、退役军人、退役运动员、下岗职工、返乡农民工等接受中等职业教育；服务乡村振兴战略，为广大农村培养以新型职业农民为主体的农村实用人才。发挥中等职业学校作用，帮助部分学业困难学生按规定在职业学校完成义务教育，并接受部分职业技能学习。

鼓励中等职业学校联合中小学开展劳动和职业启蒙教育，将动手实践内容纳入中小学相关课程和学生综合素质评价。

（三）推进高等职业教育高质量发展

把发展高等职业教育作为优化高等教育结构和培养大国工匠、能工巧匠的重要方式，使城乡新增劳动力更多接受高等教育。高等职业学校要培养服务区域发展的高素质技术技能人才，重点服务企业特别是中小微企业的技术研发和产品升级，加强社区教育和终身学习服务。建立"职教高考"制度，完善"文化素质+职业技能"的考试招生办法，提高生源质量，为学生接受高等职业教育提供多种入学方式和学习方式。在学前教育、护理、养老服务、健康服务、现代服务业等领域，扩大对初中毕业生实行中高职贯通培养的招生规模。启动实施中国特色高水平高等职业学校和专业建设计划，建设一批引领改革、支撑发展、中国特色、世界水平的高等职业学校和骨干专业（群）。根据高等学校设置制度规定，将符合条件的技师学院纳入高等学校序列。

（四）完善高层次应用型人才培养体系

完善学历教育与培训并重的现代职业教育体系，畅通技术技能人才成长渠道。发展以职业需求为导向、以实践能力培养为重点、以产学研用结合为途径的专业学位研究生培养模式，加强专业学位硕士研究生培养。推动具备条件的普通本科高校向应用型转变，鼓励有条件的普通高校开办应用技术类型专业或课程。开展本科层次职业教育试点。制定中国技能大赛、全国职业院校技能大赛、世界技能大赛获奖选手等免试入学政策，探索长学制培养高端技术技能人才。服务军民融合发展，把军队相关的职业教育纳入国家职业教育大体系，共同做好面向现役军人的教育培训，支持其在服役期间取得多类职业技能等级证书，提升技术技能水平。落实好定向培养直招士官政策，推动地方院校与军队院校有效对接，推动优质职业教育资源向军事人才培养开放，建立军地网络教育资源共享机制。制订具体政策办法，支持适合的退役军人进入职业院校和普通本科高校接受教育和培训，鼓励支持设立退役军人教育培训集团（联盟），推动退役、培训、就业有机衔接，为促进退役军人特别是退役士兵就业创业作出贡献。

二、构建职业教育国家标准

（五）完善教育教学相关标准

发挥标准在职业教育质量提升中的基础性作用。按照专业设置与产业需求对接、课程内容与职业标准对接、教学过程与生产过程对接的要求，完善中等、高等职业学校设置标准，规范职业院校设置；实施教师和校长专业标准，提升职业院校教学管理和教学实践能力。持续更新并推进专业目录、专业教学标准、课程标准、顶岗实习标准、实训条件建设标准（仪器设备配备规范）建设和在职业院校落地实施。巩固和发展国务院教育行政部门联合行业制定国家教学标准、职业院校依据标准自主制订人才培养方案的工作格局。

（六）启动1+X证书制度试点工作

深化复合型技术技能人才培养培训模式改革，借鉴国际职业教育培训普遍做法，制订工作方案和具体管理办法，启动1+X证书制度试点工作。试点工作要进一步发挥好学历证书作用，夯实学生可持续发展基础，鼓励职业院校学生在获得学历证书的同时，积极取得多类职业技能等级证书，拓展就业创业本领，缓解结构性就业矛盾。国务院人力资源社会保障行政部门、教育行政部门在职责范围内，分别负责管理监督考核院校外、院校内职业技能等级证书的实施（技工院校内由人力资源社会保障行政部门负责），国务院人力资源社会保障行政部门组织制定职业标准，国务院教育行政部门依照职业标准牵头组织开发教学等相关标准。院校内培训可面向社会人群，院校外培训也可面向在校学生。各类职业技能等级证书具有同等效力，持有证书人员享受同等待遇。院校内实施的职业技能等级证书分为初级、中级、高级，是职业技能水平的凭证，反映职业活动和个人职业生涯发展所需要的综合能力。

（七）开展高质量职业培训

落实职业院校实施学历教育与培训并举的法定职责，按照育训结合、长短结合、内外结合的要求，面向在校学生和全体社会成员开展职业培训。自 2019 年开始，围绕现代农业、先进制造业、现代服务业、战略性新兴产业，推动职业院校在 10 个左右技术技能人才紧缺领域大力开展职业培训。引导行业企业深度参与技术技能人才培养培训，促进职业院校加强专业建设、深化课程改革、增强实训内容、提高师资水平，全面提升教育教学质量。各级政府要积极支持职业培训，行政部门要简政放权并履行好监管职责，相关下属机构要优化服务，对于违规收取费用的要严肃处理。畅通技术技能人才职业发展通道，鼓励其持续获得适应经济社会发展需要的职业培训证书，引导和支持企业等用人单位落实相关待遇。对取得职业技能等级证书的离校未就业高校毕业生，按规定落实职业培训补贴政策。

（八）实现学习成果的认定、积累和转换

加快推进职业教育国家"学分银行"建设，从 2019 年开始，探索建立职业教育个人学习账号，实现学习成果可追溯、可查询、可转换。有序开展学历证书和职业技能等级证书所体现的学习成果的认定、积累和转换，为技术技能人才持续成长拓宽通道。职业院校对取得若干职业技能等级证书的社会成员，支持其根据证书等级和类别免修部分课程，在完成规定内容学习后依法依规取得学历证书。对接受职业院校学历教育并取得毕业证书的学生，在参加相应的职业技能等级证书考试时，可免试部分内容。从 2019 年起，在有条件的地区和高校探索实施试点工作，制定符合国情的国家资历框架。

三、促进产教融合校企"双元"育人

（九）坚持知行合一、工学结合

借鉴"双元制"等模式，总结现代学徒制和企业新型学徒制试点经验，校企共同研究制定人才培养方案，及时将新技术、新工艺、新规范纳入教学标准和教学内容，强化学生实习实训。健全专业设置定期评估机制，强化地方引导本区域职业院校优化专业设置的职责，原则上每5年修订1次职业院校专业目录，学校依据目录灵活自主设置专业，每年调整1次专业。健全专业教学资源库，建立共建共享平台的资源认证标准和交易机制，进一步扩大优质资源覆盖面。遴选认定一大批职业教育在线精品课程，建设一大批校企"双元"合作开发的国家规划教材，倡导使用新型活页式、工作手册式教材并配套开发信息化资源。每3年修订1次教材，其中专业教材随信息技术发展和产业升级情况及时动态更新。适应"互联网＋职业教育"发展需求，运用现代信息技术改进教学方式方法，推进虚拟工厂等网络学习空间建设和普遍应用。

（十）推动校企全面加强深度合作

职业院校应当根据自身特点和人才培养需要，主动与具备条件的企业在人才培养、技术创新、就业创业、社会服务、文化传承等方面开展合作。学校积极为企业提供所需的课程、师资等资源，企业应当依法履行实施职业教育的义务，利用资本、技术、知识、设施、设备和管理等要素参与校企合作，促进人力资源开发。校企合作中，学校可从中获得智力、专利、教育、劳务等报酬，具体分配由学校按规定自行处理。在开展国家产教融合建设试点基础上，建立产教融合型企业认证制度，对进入目录的产教融合型企业给予"金融＋财政＋土地＋信用"的组合式激励，并按规定落实相关税收政策。试点企业兴办职业教育的投资符合条件的，可按投资额一定比例抵免该企业当年应缴教育费附加和地方教育附加。厚植企业承担职业教育责任的社会环境，推动职业院校和行业企业形成命运共同体。

（十一）打造一批高水平实训基地

加大政策引导力度，充分调动各方面深化职业教育改革创新的积极性，带动各级政府、企业和职业院校建设一批资源共享，集实践教学、社会培训、企业真实生产和社会技术服务于一体的高水平职业教育实训基地。面向先进制造业等技术技能人才紧缺领域，统筹多种资源，建设若干具有辐射引领作用的高水平专业化产教融合实训基地，推动开放共享，辐射区域内学校和企业；鼓励职业院校建设或校企共建一批校内实训基地，提升重点专业建设和校企合作育人水平。积极吸引企业和社会力量参与，指导各地各校借鉴德国、日本、瑞士等国家经验，探索创新实训基地运营模式。提高实训基地规划、管理水平，为社会公众、职业院校在校生取得职业技能等级证书和企业提升人力资源水平提供有力支撑。

（十二）多措并举打造"双师型"教师队伍

从2019年起，职业院校、应用型本科高校相关专业教师原则上从具有3年以上企业工作经历并具有高职以上学历的人员中公开招聘，特殊高技能人才（含具有高级工以上职业资格人员）可适当放宽学历要求，2020年起基本不再从应届毕业生中招聘。加强职业技术师范院校建设，优化结构布局，引导一批高水平工科学校举办职业技术师范教育。实施职业院校教师素质提高计划，建立100个"双师型"教师培养培训基地，职业院校、应用型本科高校教师每年至少1个月在企业或实训基地实训，落实教师5年一周期的全员轮训制度。探索组建高水平、结构化教师教学创新团队，教师分工协作进行模块化教学。定期组织选派职业院校专业骨干教师赴国外研修访学。在职业院校实行高层次、高技能人才以直接考察的方式公开招聘。建立健全职业院校自主聘任兼职教师的办法，推动企业工程技术人员、高技能人才和职业院校教师双向流动。职业院校通过校企合作、技术服务、社会培训、自办企业等所得收入，可按一定比例作为绩效工资来源。

四、建设多元办学格局

（十三）推动企业和社会力量举办高质量职业教育

各级政府部门要深化"放管服"改革，加快推进职能转变，由注重"办"职业教育向"管理与服务"过渡。政府主要负责规划战略、制定政策、依法依规监管。发挥企业重要办学主体作用，鼓励有条件的企业特别是大企业举办高质量职业教育，各级人民政府可按规定给予适当支持。完善企业经营管理和技术人员与学校领导、骨干教师相互兼职兼薪制度。2020年初步建成300个示范性职业教育集团（联盟），带动中小企业参与。支持和规范社会力量兴办职业教育培训，鼓励发展股份制、混合所有制等职业院校和各类职业培训机构。建立公开透明规范的民办职业教育准入、审批制度，探索民办职业教育负面清单制度，建立健全退出机制。

（十四）做优职业教育培训评价组织

职业教育包括职业学校教育和职业培训，职业院校和应用型本科高校按照国家教学标准和规定职责完成教学任务和职业技能人才培养。同时，也必须调动社会力量，补充校园不足，助力校园办学。能够依据国家有关法规和职业标准、教学标准完成的职业技能培训，要更多通过职业教育培训评价组织（以下简称培训评价组织）等参与实施。政府通过放宽准入，严格末端监督执法，严格控制数量，扶优、扶大、扶强，保证培训质量和学生能力水平。要按照在已成熟的品牌中遴选一批、在成长中的品牌中培育一批、在有需要但还没有建立项目的领域中规划一批的原则，以社会化机制公开招募并择优遴选培训评价组织，优先从制订过国家职业标准并完成标准教材编写，具有专家、师资团队、资金实力和 5 年以上优秀培训业绩的机构中选择。培训评价组织应对接职业标准，与国际先进标准接轨，按有关规定开发职业技能等级标准，负责实施职业技能考核、评价和证书发放。政府部门要加强监管，防止出现乱培训、滥发证现象。行业协会要积极配合政府，为培训评价组织提供好服务环境支持，不得以任何方式收取费用或干预企业办学行为。

五、完善技术技能人才保障政策

（十五）提高技术技能人才待遇水平

支持技术技能人才凭技能提升待遇，鼓励企业职务职级晋升和工资分配向关键岗位、生产一线岗位和紧缺急需的高层次、高技能人才倾斜。建立国家技术技能大师库，鼓励技术技能大师建立大师工作室，并按规定给予政策和资金支持，支持技术技能大师到职业院校担任兼职教师，参与国家重大工程项目联合攻关。积极推动职业院校毕业生在落户、就业、参加机关事业单位招聘、职称评审、职级晋升等方面与普通高校毕业生享受同等待遇。逐步提高技术技能人才特别是技术工人收入水平和地位。机关和企事业单位招用人员不得歧视职业院校毕业生。国务院人力资源社会保障行政部门会同有关部门，适时组织清理调整对技术技能人才的歧视政策，推动形成人人皆可成才、人人尽展其才的良好环境。按照国家有关规定加大对职业院校参加有关技能大赛成绩突出毕业生的表彰奖励力度。办好职业教育活动周和世界青年技能日宣传活动，深入开展"大国工匠进校园"、"劳模进校园"、"优秀职校生校园分享"等活动，宣传展示大国工匠、能工巧匠和高素质劳动者的事迹和形象，培育和传承好工匠精神。

（十六）健全经费投入机制

各级政府要建立与办学规模、培养成本、办学质量等相适应的财政投入制度，地方政府要按规定制定并落实职业院校生均经费标准或公用经费标准。在保障教育合理投入的同时，优化教育支出结构，新增教育经费要向职业教育倾斜。鼓励社会力量捐资、出资兴办职业教育，拓宽办学筹资渠道。进一步完善中等职业学校生均拨款制度，各地中等职业学校生均财政拨款水平可适当高于当地普通高中。各地在继续巩固落实好高等职业教育生均财政拨款水平达到12000元的基础上，根据发展需要和财力可能逐步提高拨款水平。组织实施好现代职业教育质量提升计划、产教融合工程等。经费投入要进一步突出改革导向，支持校企合作，注重向中西部、贫困地区和民族地区倾斜。进一步扩大职业院校助学金覆盖面，完善补助标准动态调整机制，落实对建档立卡等家庭经济困难学生的倾斜政策，健全职业教育奖学金制度。

六、加强职业教育办学质量督导评价

（十七）建立健全职业教育质量评价和督导评估制度

以学习者的职业道德、技术技能水平和就业质量，以及产教融合、校企合作水平为核心，建立职业教育质量评价体系。定期对职业技能等级证书有关工作进行"双随机、一公开"的抽查和监督，从2019年起，对培训评价组织行为和职业院校培训质量进行监测和评估。实施职业教育质量年度报告制度，报告向社会公开。完善政府、行业、企业、职业院校等共同参与的质量评价机制，积极支持第三方机构开展评估，将考核结果作为政策支持、绩效考核、表彰奖励的重要依据。完善职业教育督导评估办法，建立职业教育定期督导评估和专项督导评估制度，落实督导报告、公报、约谈、限期整改、奖惩等制度。国务院教育督导委员会定期听取职业教育督导评估情况汇报。

（十八）支持组建国家职业教育指导咨询委员会

为把握正确的国家职业教育改革发展方向，创新我国职业教育改革发展模式，提出重大政策研究建议，参与起草、制订国家职业教育法律法规，开展重大改革调研，提供各种咨询意见，进一步提高政府决策科学化水平，规划并审议职业教育标准等，在政府指导下组建国家职业教育指导咨询委员会。成员包括政府人员、职业教育专家、行业企业专家、管理专家、职业教育研究人员、中华职业教育社等团体和社会各方面热心职业教育的人士。通过政府购买服务等方式，听取咨询机构提出的意见建议并鼓励社会和民间智库参与。政府可以委托国家职业教育指导咨询委员会作为第三方，对全国职业院校、普通高校、校企合作企业、培训评价组织的教育管理、教学质量、办学方式模式、师资培养、学生职业技能提升等情况，进行指导、考核、评估等。

七、做好改革组织实施工作

（十九）加强党对职业教育工作的全面领导

以习近平新时代中国特色社会主义思想特别是习近平总书记关于职业教育的重要论述武装头脑、指导实践、推动工作。加强党对教育事业的全面领导，全面贯彻党的教育方针，落实中央教育工作领导小组各项要求，保证职业教育改革发展正确方向。要充分发挥党组织在职业院校的领导核心和政治核心作用，牢牢把握学校意识形态工作领导权，将党建工作与学校事业发展同部署、同落实、同考评。指导职业院校上好思想政治理论课，实施好中等职业学校"文明风采"活动，推进职业教育领域"三全育人"综合改革试点工作，使各类课程与思想政治理论课同向同行，努力实现职业技能和职业精神培养高度融合。加强基层党组织建设，有效发挥基层党组织的战斗堡垒作用和共产党员的先锋模范作用，带动学校工会、共青团等群团组织和学生会组织建设，汇聚每一位师生员工的积极性和主动性。

（二十）完善国务院职业教育工作部际联席会议制度

国务院职业教育工作部际联席会议由教育、人力资源社会保障、发展改革、工业和信息化、财政、农业农村、国资、税务、扶贫等单位组成，国务院分管教育工作的副总理担任召集人。联席会议统筹协调全国职业教育工作，研究协调解决工作中重大问题，听取国家职业教育指导咨询委员会等方面的意见建议，部署实施职业教育改革创新重大事项，每年召开两次会议，各成员单位就有关工作情况向联席会议报告。国务院教育行政部门负责职业教育工作的统筹规划、综合协调、宏观管理，国务院教育行政部门、人力资源社会保障行政部门和其他有关部门在职责范围内，分别负责有关的职业教育工作。各成员单位要加强沟通协调，做好相关政策配套衔接，在国家和区域战略规划、重大项目安排、经费投入、企业办学、人力资源开发等方面形成政策合力。推动落实《中华人民共和国职业教育法》，为职业教育改革创新提供重要的制度保障。

高职院校专业群建设实施路径研究

教育部 财政部关于实施中国特色高水平高职学校和专业建设计划的意见

教职成〔2019〕5号

各省、自治区、直辖市教育厅（教委）、财政厅（局），新疆生产建设兵团教育局、财政局：

为深入贯彻落实全国教育大会精神，落实《国家职业教育改革实施方案》，集中力量建设一批引领改革、支撑发展、中国特色、世界水平的高职学校和专业群，带动职业教育持续深化改革、强化内涵建设，实现高质量发展，现就实施中国特色高水平高职学校和专业建设计划（以下简称"双高计划"）提出如下意见。

一、总体要求

（一）指导思想

以习近平新时代中国特色社会主义思想为指导，牢固树立新发展理念，服务建设现代化经济体系和更高质量更充分就业需要，扎根中国、放眼世界、面向未来，强力推进产教融合、校企合作，聚焦高端产业和产业高端，重点支持一批优质高职学校和专业群率先发展，引领职业教育服务国家战略、融入区域发展、促进产业升级，为建设教育强国、人才强国作出重要贡献。

（二）基本原则

——坚持中国特色。扎根中国大地，全面贯彻党的教育方针，坚定社会主义办学方向，完善职业教育和培训体系，健全德技并修、工学结合的育人机制，服务新时代经济高质量发展，为中国产业走向全球产业中高端提供高素质技术技能人才支撑。

——坚持产教融合。创新高等职业教育与产业融合发展的运行模式，精准对接区域人才需求，提升高职学校服务产业转型升级的能力，推动高职学校和行业企业形成命运共同体，为加快建设现代产业体系，增强产业核心竞争力提供有力支撑。

——坚持扶优扶强。质量为先、以点带面，兼顾区域和产业布局，支持基础条件优良、改革成效突出、办学特色鲜明的高职学校和专业群率先发展，积累可复制、可借鉴的改革经验和模式，发挥示范引领作用。

——坚持持续推进。按周期、分阶段推进建设，实行动态管理、过程监测、有进有出、优胜劣汰，完善持续支持高水平高职学校和专业群建设的机制，实现高质量发展。

——坚持省级统筹。发挥地方支持职业教育改革发展的积极性和主动性，加大资金和政策保障力度。中央财政以奖补的形式通过相关转移支付给予引导支持。多渠道扩大资源供给，构建政府行业企业学校协同推进职业教育发展新机制。

(三) 总体目标

围绕办好新时代职业教育的新要求，集中力量建设 50 所左右高水平高职学校和 150 个左右高水平专业群，打造技术技能人才培养高地和技术技能创新服务平台，支撑国家重点产业、区域支柱产业发展，引领新时代职业教育实现高质量发展。

到 2022 年，列入计划的高职学校和专业群办学水平、服务能力、国际影响显著提升，为职业教育改革发展和培养千万计的高素质技术技能人才发挥示范引领作用，使职业教育成为支撑国家战略和地方经济社会发展的重要力量。形成一批有效支撑职业教育高质量发展的政策、制度、标准。

到 2035 年，一批高职学校和专业群达到国际先进水平，引领职业教育实现现代化，为促进经济社会发展和提高国家竞争力提供优质人才资源支撑。职业教育高质量发展的政策、制度、标准体系更加成熟完善，形成中国特色职业教育发展模式。

二、改革发展任务

(四) 加强党的建设

深入推进习近平新时代中国特色社会主义思想进教材进课堂进头脑，大力开展理想信念教育和社会主义核心价值观教育，构建全员全过程全方位育人的思想政治工作格局，实现职业技能和职业精神培养高度融合。落实党委领导下的校长负责制，充分发挥党组织在学校的领导核心和政治核心作用，牢牢把握意识形态主动权，引导广大师生树牢"四个意识"、坚定"四个自信"、坚决做到"两个维护"。加强基层党组织建设，将党的建设与学校事业发展同部署、同落实、同考评，有效发挥基层党组织战斗堡垒作用和共产党员先锋模范作用，带动学校工会、共青团等群团组织和学生会组织建设，为学校改革发展提供坚强组织保证。

（五）打造技术技能人才培养高地

落实立德树人根本任务，将社会主义核心价值观教育贯穿技术技能人才培养全过程。坚持工学结合、知行合一，加强学生认知能力、合作能力、创新能力和职业能力培养。加强劳动教育，以劳树德、以劳增智、以劳强体、以劳育美。培育和传承工匠精神，引导学生养成严谨专注、敬业专业、精益求精和追求卓越的品质。深化复合型技术技能人才培养培训模式改革，率先开展"学历证书＋若干职业技能等级证书"制度试点。在全面提高质量的基础上，着力培养一批产业急需、技艺高超的高素质技术技能人才。

（六）打造技术技能创新服务平台

对接科技发展趋势，以技术技能积累为纽带，建设集人才培养、团队建设、技术服务于一体，资源共享、机制灵活、产出高效的人才培养与技术创新平台，促进创新成果与核心技术产业化，重点服务企业特别是中小微企业的技术研发和产品升级。加强与地方政府、产业园区、行业深度合作，建设兼具科技攻关、智库咨询、英才培养、创新创业功能，体现学校特色的产教融合平台，服务区域发展和产业转型升级。进一步提高专业群集聚度和配套供给服务能力，与行业领先企业深度合作，建设兼具产品研发、工艺开发、技术推广、大师培育功能的技术技能平台，服务重点行业和支柱产业发展。

（七）打造高水平专业群

面向区域或行业重点产业，依托优势特色专业，健全对接产业、动态调整、自我完善的专业群建设发展机制，促进专业资源整合和结构优化，发挥专业群的集聚效应和服务功能，实现人才培养供给侧和产业需求侧结构要素全方位融合。校企共同研制科学规范、国际可借鉴的人才培养方案和课程标准，将新技术、新工艺、新规范等产业先进元素纳入教学标准和教学内容，建设开放共享的专业群课程教学资源和实践教学基地。组建高水平、结构化教师教学创新团队，探索教师分工协作的模块化教学模式，深化教材与教法改革，推动课堂革命。建立健全多方协同的专业群可持续发展保障机制。

(八）打造高水平双师队伍

以"四有"标准打造数量充足、专兼结合、结构合理的高水平双师队伍。培育引进一批行业有权威、国际有影响的专业群建设带头人，着力培养一批能够改进企业产品工艺、解决生产技术难题的骨干教师，合力培育一批具有绝技绝艺的技术技能大师。聘请行业企业领军人才、大师名匠兼职任教。建立健全教师职前培养、入职培训和在职研修体系。建设教师发展中心，提升教师教学和科研能力，促进教师职业发展。创新教师评价机制，建立以业绩贡献和能力水平为导向、以目标管理和目标考核为重点的绩效工资动态调整机制，实现多劳多得、优绩优酬。

(九）提升校企合作水平

与行业领先企业在人才培养、技术创新、社会服务、就业创业、文化传承等方面深度合作，形成校企命运共同体。把握全球产业发展、国内产业升级的新机遇，主动参与供需对接和流程再造，推动专业建设与产业发展相适应，实质推进协同育人。施行校企联合培养、双主体育人的中国特色现代学徒制。推行面向企业真实生产环境的任务式培养模式。牵头组建职业教育集团，推进实体化运作，实现资源共建共享。吸引企业联合建设产业学院和企业工作室、实验室、创新基地、实践基地。

(十）提升服务发展水平

培养适应高端产业和产业高端需要的高素质技术技能人才，服务中国产业走向全球产业中高端。以应用技术解决生产生活中的实际问题，切实提高生产效率、产品质量和服务品质。加强新产品开发和技术成果的推广转化，推动中小企业的技术研发和产品升级，促进民族传统工艺、民间技艺传承创新。面向脱贫攻坚主战场，积极吸引贫困地区学生到"双高计划"学校就学。服务乡村振兴战略，广泛开展面向农业农村的职业教育和培训。面向区域经济社会发展急需紧缺领域，大力开展高技能人才培训。积极主动开展职工继续教育，拓展社区教育和终身学习服务。

(十一）提升学校治理水平

健全内部治理体系，完善以章程为核心的现代职业学校制度体系，形成学校自主管理、自我约束的体制机制，推进治理能力现代化。健全学校、行业、企业、社区等共同参与的学校理事会或董事会，发挥咨询、协商、议事和监督作用。设立校级学术委员会，统筹行使学术事务的决策、审议、评定和咨询等职权。设立校级专业建设委员会和教材选用委员会，指导和促进专业建设和教学改革。发挥教职工代表大会作用，审议学校重大问题。优化内部治理结构，扩大二级院系管理自主权，发展跨专业教学组织。

（十二）提升信息化水平

加快智慧校园建设，促进信息技术和智能技术深度融入教育教学和管理服务全过程，改进教学、优化管理、提升绩效。消除信息孤岛，保证信息安全，综合运用大数据、人工智能等手段推进学校管理方式变革，提升管理效能和水平。以"信息技术+"升级传统专业，及时发展数字经济催生的新兴专业。适应"互联网+职业教育"需求，推进数字资源、优秀师资、教育数据共建共享，助力教育服务供给模式升级。提升师生信息素养，建设智慧课堂和虚拟工厂，广泛应用线上线下混合教学，促进自主、泛在、个性化学习。

（十三）提升国际化水平

加强与职业教育发达国家的交流合作，引进优质职业教育资源，参与制订职业教育国际标准。开发国际通用的专业标准和课程体系，推出一批具有国际影响的高质量专业标准、课程标准、教学资源，打造中国职业教育国际品牌。积极参与"一带一路"建设和国际产能合作，培养国际化技术技能人才，促进中外人文交流。探索援助发展中国家职业教育的渠道和模式。开展国际职业教育服务，承接"走出去"中资企业海外员工教育培训，建设一批鲁班工坊，推动技术技能人才本土化。

三、组织实施

（十四）建立协同推进机制

国家有关部门负责宏观布局、统筹协调、经费管理等顶层设计，围绕经济社会发展和国家战略需要，适时调整建设重点，成立项目建设咨询专家委员会，为重大政策、总体方案、审核立项、监督评价等提供咨询和支撑。各地要加强政策支持和经费保障，动员各方力量支持项目建设，对接区域经济社会发展需求，构建以"双高计划"学校为引领，区域内高职学校协调发展的格局。"双高计划"学校要深化改革创新，聚焦建设任务，科学编制建设方案和任务书，健全责任机制，扎实推进建设，确保工作成效。

（十五）加强项目实施管理

"双高计划"每五年一个支持周期，2019年启动第一轮建设。制定项目遴选管理办法，明确遴选条件和程序，公开申请、公平竞争、公正认定。项目遴选坚持质量为先、改革导向，以学校、专业的客观发展水平为基础，对职业教育发展环境好、重点工作推进有力、改革成效明显的省（区、市）予以倾斜支持。制定项目绩效评价办法，建立信息采集与绩效管理系统，实行年度评价项目建设绩效，中期调整项目经费支持额度；依据周期绩效评价结果，调整项目建设单位。发挥第三方评价作用，定期跟踪评价。建立信息公开公示网络平台，接受社会监督。

（十六）健全多元投入机制

各地新增教育经费向职业教育倾斜，在完善高职生均拨款制度、逐步提高生均拨款水平的基础上，对"双高计划"学校给予重点支持，中央财政通过现代职业教育质量提升计划专项资金对"双高计划"给予奖补支持，发挥引导作用。有关部门和行业企业以共建、共培等方式积极参与项目建设。项目学校以服务求发展，积极筹集社会资源，增强自我造血功能。

（十七）优化改革发展环境

各地要结合区域功能、产业特点探索差别化的职业教育发展路径，建立健全产教对接机制，促进人才培养与产业需求有机衔接。加大"双高计划"学校的支持力度，在领导班子、核定教师编制、高级教师岗位比例、绩效工资总量等方面按规定给予政策倾斜。深入推进"放管服"改革，在专业设置、内设机构及岗位设置、进人用人、经费使用管理上进一步扩大学校办学自主权。建立健全改革创新容错纠错机制，鼓励"双高计划"学校大胆试、大胆闯，激发和保护干部队伍敢于担当、干事创业的积极性、主动性、创造性。

关于推动现代职业教育高质量发展的意见

职业教育是国民教育体系和人力资源开发的重要组成部分，肩负着培养多样化人才、传承技术技能、促进就业创业的重要职责。在全面建设社会主义现代化国家新征程中，职业教育前途广阔、大有可为。为贯彻落实全国职业教育大会精神，推动现代职业教育高质量发展，现提出如下意见。

一、总体要求

（一）指导思想

以习近平新时代中国特色社会主义思想为指导，深入贯彻党的十九大和十九届二中、三中、四中、五中全会精神，坚持党的领导，坚持正确办学方向，坚持立德树人，优化类型定位，深入推进育人方式、办学模式、管理体制、保障机制改革，切实增强职业教育适应性，加快构建现代职业教育体系，建设技能型社会，弘扬工匠精神，培养更多高素质技术技能人才、能工巧匠、大国工匠，为全面建设社会主义现代化国家提供有力人才和技能支撑。

（二）工作要求

坚持立德树人、德技并修，推动思想政治教育与技术技能培养融合统一；坚持产教融合、校企合作，推动形成产教良性互动、校企优势互补的发展格局；坚持面向市场、促进就业，推动学校布局、专业设置、人才培养与市场需求相对接；坚持面向实践、强化能力，让更多青年凭借一技之长实现人生价值；坚持面向人人、因材施教，营造人人努力成才、人人皆可成才、人人尽展其才的良好环境。

（三）主要目标

到2025年，职业教育类型特色更加鲜明，现代职业教育体系基本建成，技能型社会建设全面推进。办学格局更加优化，办学条件大幅改善，职业本科教育招生规模不低于高等职业教育招生规模的10%，职业教育吸引力和培养质量显著提高。

到2035年，职业教育整体水平进入世界前列，技能型社会基本建成。技术技能人才社会地位大幅提升，职业教育供给与经济社会发展需求高度匹配，在全面建设社会主义现代化国家中的作用显著增强。

二、强化职业教育类型特色

（四）巩固职业教育类型定位

因地制宜、统筹推进职业教育与普通教育协调发展。加快建立"职教高考"制度，完善"文化素质＋职业技能"考试招生办法，加强省级统筹，确保公平公正。加强职业教育理论研究，及时总结中国特色职业教育办学规律和制度模式。

（五）推进不同层次职业教育纵向贯通

大力提升中等职业教育办学质量，优化布局结构，实施中等职业学校办学条件达标工程，采取合并、合作、托管、集团办学等措施，建设一批优秀中等职业学校和优质专业，注重为高等职业教育输送具有扎实技术技能基础和合格文化基础的生源。支持有条件的中等职业学校根据当地经济社会发展需要试办社区学院。推进高等职业教育提质培优，实施好"双高计划"，集中力量建设一批高水平高等职业学校和专业。稳步发展职业本科教育，高标准建设职业本科学校和专业，保持职业教育办学方向不变、培养模式不变、特色发展不变。一体化设计职业教育人才培养体系，推动各层次职业教育专业设置、培养目标、课程体系、培养方案衔接，支持在培养周期长、技能要求高的专业领域实施长学制培养。鼓励应用型本科学校开展职业本科教育。按照专业大致对口原则，指导应用型本科学校、职业本科学校吸引更多中高职毕业生报考。

（六）促进不同类型教育横向融通

加强各学段普通教育与职业教育渗透融通，在普通中小学实施职业启蒙教育，培养掌握技能的兴趣爱好和职业生涯规划的意识能力。探索发展以专项技能培养为主的特色综合高中。推动中等职业学校与普通高中、高等职业学校与应用型大学课程互选、学分互认。鼓励职业学校开展补贴性培训和市场化社会培训。制定国家资历框架，建设职业教育国家学分银行，实现各类学习成果的认证、积累和转换，加快构建服务全民终身学习的教育体系。

三、完善产教融合办学体制

（七）优化职业教育供给结构

围绕国家重大战略，紧密对接产业升级和技术变革趋势，优先发展先进制造、新能源、新材料、现代农业、现代信息技术、生物技术、人工智能等产业需要的一批新兴专业，加快建设学前、护理、康养、家政等一批人才紧缺的专业，改造升级钢铁冶金、化工医药、建筑工程、轻纺制造等一批传统专业，撤并淘汰供给过剩、就业率低、职业岗位消失的专业，鼓励学校开设更多紧缺的、符合市场需求的专业，形成紧密对接产业链、创新链的专业体系。优化区域资源配置，推进部省共建职业教育创新发展高地，持续深化职业教育东西部协作。启动实施技能型社会职业教育体系建设地方试点。支持办好面向农村的职业教育，强化校地合作、育训结合，加快培养乡村振兴人才，鼓励更多农民、返乡农民工接受职业教育。支持行业企业开展技术技能人才培养培训，推行终身职业技能培训制度和在岗继续教育制度。

（八）健全多元办学格局

构建政府统筹管理、行业企业积极举办、社会力量深度参与的多元办学格局。健全国有资产评估、产权流转、权益分配、干部人事管理等制度。鼓励上市公司、行业龙头企业举办职业教育，鼓励各类企业依法参与举办职业教育。鼓励职业学校与社会资本合作共建职业教育基础设施、实训基地，共建共享公共实训基地。

（九）协同推进产教深度融合

各级政府要统筹职业教育和人力资源开发的规模、结构和层次，将产教融合列入经济社会发展规划。以城市为节点、行业为支点、企业为重点，建设一批产教融合试点城市，打造一批引领产教融合的标杆行业，培育一批行业领先的产教融合型企业。积极培育市场导向、供需匹配、服务精准、运作规范的产教融合服务组织。分级分类编制发布产业结构动态调整报告、行业人才就业状况和需求预测报告。

四、创新校企合作办学机制

（十）丰富职业学校办学形态

职业学校要积极与优质企业开展双边多边技术协作，共建技术技能创新平台、专业化技术转移机构和大学科技园、科技企业孵化器、众创空间，服务地方中小微企业技术升级和产品研发。推动职业学校在企业设立实习实训基地、企业在职业学校建设培养培训基地。推动校企共建共管产业学院、企业学院，延伸职业学校办学空间。

（十一）拓展校企合作形式内容

职业学校要主动吸纳行业龙头企业深度参与职业教育专业规划、课程设置、教材开发、教学设计、教学实施，合作共建新专业、开发新课程、开展订单培养。鼓励行业龙头企业主导建立全国性、行业性职教集团，推进实体化运作。探索中国特色学徒制，大力培养技术技能人才。支持企业接收学生实习实训，引导企业按岗位总量的一定比例设立学徒岗位。严禁向学生违规收取实习实训费用。

（十二）优化校企合作政策环境

各地要把促进企业参与校企合作、培养技术技能人才作为产业发展规划、产业激励政策、乡村振兴规划制定的重要内容，对产教融合型企业给予"金融+财政+土地+信用"组合式激励，按规定落实相关税费政策。工业和信息化部门要把企业参与校企合作的情况，作为各类示范企业评选的重要参考。教育、人力资源社会保障部门要把校企合作成效作为评价职业学校办学质量的重要内容。国有资产监督管理机构要支持企业参与和举办职业教育。鼓励金融机构依法依规为校企合作提供相关信贷和融资支持。积极探索职业学校实习生参加工伤保险办法。加快发展职业学校学生实习实训责任保险和人身意外伤害保险，鼓励保险公司对现代学徒制、企业新型学徒制保险专门确定费率。职业学校通过校企合作、技术服务、社会培训、自办企业等所得收入，可按一定比例作为绩效工资来源。

五、深化教育教学改革

（十三）强化双师型教师队伍建设

加强师德师风建设，全面提升教师素养。完善职业教育教师资格认定制度，在国家教师资格考试中强化专业教学和实践要求。制定双师型教师标准，完善教师招聘、专业技术职务评聘和绩效考核标准。按照职业学校生师比例和结构要求配齐专业教师。加强职业技术师范学校建设。支持高水平学校和大中型企业共建双师型教师培养培训基地，落实教师定期到企业实践的规定，支持企业技术骨干到学校从教，推进固定岗与流动岗相结合、校企互聘兼职的教师队伍建设改革。继续实施职业院校教师素质提高计划。

（十四）创新教学模式与方法

提高思想政治理论课质量和实效，推进习近平新时代中国特色社会主义思想进教材、进课堂、进头脑。举办职业学校思想政治教育课程教师教学能力比赛。普遍开展项目教学、情境教学、模块化教学，推动现代信息技术与教育教学深度融合，提高课堂教学质量。全面实施弹性学习和学分制管理，支持学生积极参加社会实践、创新创业、竞赛活动。办好全国职业院校技能大赛。

（十五）改进教学内容与教材

完善"岗课赛证"综合育人机制，按照生产实际和岗位需求设计开发课程，开发模块化、系统化的实训课程体系，提升学生实践能力。深入实施职业技能等级证书制度，完善认证管理办法，加强事中事后监管。及时更新教学标准，将新技术、新工艺、新规范、典型生产案例及时纳入教学内容。把职业技能等级证书所体现的先进标准融入人才培养方案。强化教材建设国家事权，分层规划，完善职业教育教材的编写、审核、选用、使用、更新、评价监管机制。引导地方、行业和学校按规定建设地方特色教材、行业适用教材、校本专业教材。

（十六）完善质量保证体系

建立健全教师、课程、教材、教学、实习实训、信息化、安全等国家职业教育标准，鼓励地方结合实际出台更高要求的地方标准，支持行业组织、龙头企业参与制定标准。推进职业学校教学工作诊断与改进制度建设。完善职业教育督导评估办法，加强对地方政府履行职业教育职责督导，做好中等职业学校办学能力评估和高等职业学校适应社会需求能力评估。健全国家、省、学校质量年报制度，定期组织质量年报的审查抽查，提高编制水平，加大公开力度。强化评价结果运用，将其作为批复学校设置、核定招生计划、安排重大项目的重要参考。

六、打造中国特色职业教育品牌

（十七）提升中外合作办学水平

办好一批示范性中外合作办学机构和项目。加强与国际高水平职业教育机构和组织合作，开展学术研究、标准研制、人员交流。在"留学中国"项目、中国政府奖学金项目中设置职业教育类别。

（十八）拓展中外合作交流平台

全方位践行世界技能组织2025战略，加强与联合国教科文组织等国际和地区组织的合作。鼓励开放大学建设海外学习中心，推进职业教育涉外行业组织建设，实施职业学校教师教学创新团队、高技能领军人才和产业紧缺人才境外培训计划。积极承办国际职业教育大会,办好办实中国－东盟教育交流周,形成一批教育交流、技能交流和人文交流的品牌。

(十九)推动职业教育走出去

探索"中文＋职业技能"的国际化发展模式。服务国际产能合作,推动职业学校跟随中国企业走出去。完善"鲁班工坊"建设标准,拓展办学内涵。提高职业教育在出国留学基金等项目中的占比。积极打造一批高水平国际化的职业学校,推出一批具有国际影响力的专业标准、课程标准、教学资源。各地要把职业教育纳入对外合作规划,作为友好城市(省州)建设的重要内容。

七、组织实施

(二十)加强组织领导

各级党委和政府要把推动现代职业教育高质量发展摆在更加突出的位置,更好支持和帮助职业教育发展。职业教育工作部门联席会议要充分发挥作用,教育行政部门要认真落实对职业教育工作统筹规划、综合协调、宏观管理职责。国家将职业教育工作纳入省级政府履行教育职责督导评价,各省将职业教育工作纳入地方经济社会发展考核。选优配强职业学校主要负责人,建设高素质专业化职业教育干部队伍。落实职业学校在内设机构、岗位设置、用人计划、教师招聘、职称评聘等方面的自主权。加强职业学校党建工作,落实意识形态工作责任制,开展新时代职业学校党组织示范创建和质量创优工作,把党的领导落实到办学治校、立德树人全过程。

(二十一)强化制度保障

加快修订职业教育法,地方结合实际制定修订有关地方性法规。健全政府投入为主、多渠道筹集职业教育经费的体制。优化支出结构,新增教育经费向职业教育倾斜。严禁以学费、社会服务收入冲抵生均拨款,探索建立基于专业大类的职业教育差异化生均拨款制度。

(二十二)优化发展环境

加强正面宣传,挖掘宣传基层和一线技术技能人才成长成才的典型事迹,弘扬劳动光荣、技能宝贵、创造伟大的时代风尚。打通职业学校毕业生在就业、落户、参加招聘、职称评审、晋升等方面的通道,与普通学校毕业生享受同等待遇。对在职业教育工作中取得成绩的单位和个人、在职业教育领域作出突出贡献的技术技能人才,按照国家有关规定予以表彰奖励。各地将符合条件的高水平技术技能人才纳入高层次人才计划，探索从优秀产业工人和农业农村人才中培养选拔干部机制，加大技术技能人才薪酬激励力度，提高技术技能人才社会地位。

参 考 文 献

[1] 董伟,陶金虎,郄海霞.高职院校专业群组织模式识别及其特征:建设方案内容挖掘视角[J].高等工程教育研究,2021(2):148-154.

[2] 刘林山.类型教育视域下高职院校专业群建设要义、现实问题与推进策略[J].教育与职业,2022,17(7):36-43.

[3] 张俊义,宋莹,薛新巧."双高计划"背景下高等职业教育专业群课程建设研究[J].教育与职业,2021(5):102-106.

[4] 陈星毅.基于核心素养视域的专业群教学改革实践[J].中国职业技术教育,2021(8):37-41.

[5] 马廷奇,王俊飞.从专业到专业群:高职院校专业群建设的产业需求逻辑[J].中国职业技术教育,2021(8):11-15.

[6] 成军,王亚南,张雁平.高职院校专业群治理:内涵、现实困境及优化路径[J].高等工程教育研究,2021(2):141-147.

[7] 万卫,冯倩怡.高水平专业群治理现代化的本质、逻辑与路径[J].教育与职业,2020(22):12-18.

[8] 罗亚,杨荣敏.高等职业教育"双高计划"落地研究:"三教"改革的视角[J].中国职业技术教育,2021(29):80-84,90.

[9] 阳荣威,玉欢爽.高等教育人才结构与产业需求相适性:基于湖南省2008—2017年结构偏离度实证分析[J].大学教育科学,2019(6):74-80.

[10] 章丽萍,蒋尧明.基于三螺旋理论的产业结构与就业结构耦合效应研究:以江西为例[J].江西社会科学,2022,42(5):65-79,206-207.

[11] 周健,张桂文.经济增长与第三产业结构合理化的动态关系:国际

比较及启示［J］．重庆社会科学，2019(3)：64-78．

［12］苏命峰，宁和南．供给侧视角下湖南高职计算机类专业教育与新业态发展的适切性研究：基于结构偏离度分析［J］．黑龙江高教研究，2021(5)：114-119．

［13］宋亚峰，许钟元．高职专业群系统与区域产业系统的耦合关系及时空差异［J］．中国职业技术教育，2022(27)：53-61．

［14］王淑佳，孔伟，任亮，等．国内耦合协调度模型的误区及修正［J］．自然资源学报，2021，36(3)：793-810．

［15］马艳梅，吴玉鸣，吴柏钧．长三角地区城镇化可持续发展综合评价：基于熵值法和象限图法［J］．经济地理，2015，35(6)：47-53．

［16］邓淑芬，江涛涛．服务业集聚与区域经济空间协调适配效率测度方法［J］．统计与决策，2018(13)：25-29．

［17］王苙祥，刘杨．科技创新的"专业—产业"耦合范式与实践：以京津冀国家技术创新中心"三元耦合"协同创新机制为例［J］．中国软科学，2022(11)：176-180．

［18］姜磊，柏玲，吴玉鸣．中国省域经济、资源与环境协调分析：兼论三系统耦合公式及其扩展形式［J］．自然资源学报，2017，32(5)：788-799．

［19］侯杰，彭亮．高等教育供给结构和产业结构的耦合实证［J］．统计与决策，2021(5)：74-77．

［20］苏命峰，宁和南．供给侧改革视阈下高职计算机类专业建设与产业发展的适配研究：以湖南省为例［J］．职业技术教育，2020，41(17)：30-35．

［21］周昌仕，甘瑶瑶，姜晓丹．高等教育治理视角下地方高校专业调整的探索与实践［J］．上海教育评估研究，2022，11(4)：39-44．

［22］张德祥，王晓玲．高等学校专业动态调整的三重逻辑［J］．教育研究，2019(3)：99-106．

［23］田贤鹏．高校学科专业动态调整中的市场调节失灵及其矫正［J］．教育发展研究，2017，37(21)：16-23．

［24］郑小霞．基于区域产业结构演进的高校专业结构适应性调整研究［J］．黑龙江高教研究，2020(12)：155-160．

［25］徐兰，王凯风. 高水平专业群适应性发展的内涵意蕴、掣肘因素与实践模式［J］. 职业技术教育，2022，43（4）：39－45.

［26］徐兰，李玮炜，王志明. 适应性背景下高水平专业群内涵建设及行动方略［J］. 中国职业技术教育，2022（2）：85－91.

［27］章安平，梁帅，米高磊. 高职院校高水平专业群建设的内在逻辑、现实问题与实践路径［J］. 职业技术教育，2022，43（29）：23－29.

［28］刘夏，陈磊. 高职院校专业设置与产业结构适应性研究：基于海南14所高职院校的实证研究［J］. 职业技术教育，2022，43（35）：33－39.

［29］李存园，岑洁玲，雷志成. 高职专业群建设的政策演进、内在逻辑及改革对策［J］. 高等职业教育探索，2022，21（6）：7－14.

［30］张晓湘，周劲松. 省域职业教育专业集群发展的逻辑起点、布局规划与路径选择［J］. 职业技术教育，2022，43（20）：17－21.

［31］张理. 新时代增强职业教育适应性的核心内涵、逻辑主线与实践审视［J］. 职业技术教育，2022，43（13）：26－30.

［32］张丽娜. 新时代增强职业教育适应性的任务方略与路径选择［J］. 教育与职业，2021（15）：34－40.

［33］李春鹏，陈正振. 增强职业教育适应性的逻辑内涵、观察表征及实践路径［J］. 教育与职业，2022（22）：34－38.

［34］沈兵虎，王兴，顾佳滨. 增强职业教育适应性的若干关键问题［J］. 中国职业技术教育，2022（1）：60－66.

［35］周如俊. 增强职业教育适应性的政策指向、时代意蕴与路径选择［J］. 中国职业技术教育，2022（27）：13－21，37.

［36］周建松，陈正江. 职业教育高质量发展：背景、目标与关键［J］. 职业技术教育，2022，43（4）：6－10.

［37］郭燕，王强，方绪军. 职业教育专业适应性发展的内在逻辑与应然选择［J］. 成人教育，2021，41（12）：65－72.

［38］林小艳，陈思豪，陈翠荣. 高校学科专业动态调整：意义、困境及路径［J］. 湖北师范大学学报（哲学社会科学版），2020，40（6）：115－120.

［39］杜雪梅，宋倩倩，毕晴晴. 高校专业动态调整机制构建研究［J］. 大学（研究与管理），2021，496（1）：30－31.

[40] 王凤辉. 高职院校专业建设动态调整机制构建的困境及应对策略[J]. 职业教育(下旬刊),2021,20(6):91-96.

[41] 张勇,燕晓飞. 我国高校专业动态调整困局及解困思路[J]. 江苏高教,2021(9):43-52.

[42] 於泽明. 专业调整与地方产业适应性研究:以学前教育专业群建设为例[J]. 辽宁师专学报(社会科学版),2022(2):115-117.

[43] 李神敏. 高职院校专业群的组群逻辑、问题表征与发展方略[J]. 职业教育研究,2022(11):46-51.

[44] 徐兰,麦强. 数字化转型背景下高水平专业群适应性发展的现实困境与优化路径[J]. 成人教育,2022,42(11):54-59.

[45] 曹培之,阙明坤. 试论高职院校专业调整与区域产业结构的动态关系[J]. 长沙通信职业技术学院学报,2008(2):5-8.

[46] 陈本锋. 高等职业院校差别化人才培养模式研究[J]. 教育科学论坛,2021(36):54-59.

[47] 户文月,田乃清. 基于增强职业教育适应性的"三全育人"新格局模型构建[J]. 无锡职业技术学院学报,2021,20(5):1-5.

[48] 曹著明,阎兵,宋改敏,等. 专业群人才培养模式下"三教"改革研究[J]. 职业教育研究,2020(8):41-46.

[49] 杨善江. 高职院校专业群对接区域产业群的适应性分析:以常州高职教育园区为例[J]. 职业技术教育,2013,34(5):9-12.

[50] 于久洪. 职业院校专业群课程体系构建研究[M]. 北京:中国人民大学出版社,2022.

[51] 聂勋伟,何利,王兆顺. 现代信息技术专业群建设与研究[M]. 天津:天津科学技术出版社,2022.

[52] 吴宝明. 高职英语"三教"改革理论研究与实践探索[M]. 南京:河海大学出版社,2020.

[53] 童世华,黎娅,唐珊珊,等. "双高计划"背景下的专业群建设与评价机制研究:以信息安全技术应用专业群为例[M]. 北京:中国水利水电出版社,2021.

[54] 孙蕾. 高职教育专业群建设理论与实践[M]. 成都:西南财经大学

出版社，2019.

［55］郑小飞. 职业院校专业群个性化人才培养模式创新与实践［M］. 北京：中国纺织出版社，2022.

［56］江洧，张劲，杨栗晶. 双高计划专业群建设理论与实务［M］. 北京：电子工业出版社，2023.